저자 소개

글 **사회평론 역사연구소**
오랫동안 어린이 교육과 역사 콘텐츠를 연구한 전문가들이 모여, 우리 아이들이 쉽고 재미있게 공부할 수 있는 책을 만들고 있어요. 《용선생의 시끌벅적 한국사》, 《용선생 교과서 한국사》, 《용선생 처음 세계사》, 《교양으로 읽는 용선생 세계사》 등을 쓰고 펴냈어요.

김선빈
고려대학교 국어국문학과를 졸업하고, 국어·사회과, 역사와 관련된 다양한 교육 프로그램과 콘텐츠를 개발했어요.

장유영
서울대학교에서 지리교육, 공통사회교육, 언론정보학을 공부했어요. 졸업 후 학교에서 학생들을 가르치다 지금은 어린이책을 만들고 있어요.

정지윤
서울대학교 국어교육과를 졸업하고, 문화예술 기관에서 기획 업무를 담당했어요.

노남희
서울대학교 고고미술사학과를 졸업하고, 같은 학교 대학원에서 동양미술사를 전공했어요.

그림 **뭉선생**
2006년 LG·동아 국제 만화 공모전 극화 부분 당선으로 데뷔했어요. 《우주를 여는 비밀 열쇠》, 《용선생 만화 한국사》 등을 그렸어요.

그림 **윤효식**
2002년 《신검》으로 데뷔했어요. 《마법천자문 사회 원정대》, 《용선생 만화 한국사》 등을 그렸어요.

자문·감수 **우승민**
대기업 건설회사의 연구소에서 10년 동안 근무하다가 2011년부터 후쿠오카에서 살고 있어요. 여행자와 생활자의 경계 속에서 한일 간의 네트워크 플랫폼을 구축하며 《소소낭만, 일본 소도시 여행》, 《후쿠오카에 반하다》를 썼어요.

캐릭터 **이우일**
홍익대학교에서 시각디자인을 공부했어요. 《우일우화》, 《고양이 카프카의 고백》, 《용선생의 시끌벅적 한국사》, 《교양으로 읽는 용선생 세계사》 등을 그렸어요.

용선생이 간다

세계 문화 여행·6

글 사회평론 역사연구소 | 그림 뭉선생·윤효식 | 자문·감수 우승민 | 캐릭터 이우일

 일본

사회평론

차례

1일 도쿄

왕수재, 도쿄 한복판에서 길을 잃다! 11

용선생의 스페셜 가이드
알고 보면 큰 나라, 일본 20

2일 도쿄

나선애, 가부키 분장을 해 보다! 23

용선생의 스페셜 가이드
일본의 맛을 찾아서 34

3일 오사카

장하다, 오사카에서 배탈이 나다! 37

용선생의 스페셜 가이드
숫자와 그림으로 보는 철도 왕국, 일본! 48

4일 교토

곽두기, 여름 축제에서 금붕어 잡기 왕이 되다! 51

용선생의 스페셜 가이드
어서 와, 기모노는 처음이지? 62

5일 나라

허영심, 알고 보니 다도 천재? 65

용선생의 스페셜 가이드
우리나라와 일본의 역사 앨범 72

6일 후쿠오카

왕수재, 신사에서 이룰 수 없는 소원을 빌다! 75

용선생의 스페셜 가이드
일본인의 생활 속 신도 82

7일 나가사키

나선애,
일본 역사의 현장에 가다! — 85

용선생의 스페셜 가이드
일본, 서양을 만나다 — 92

8일 가고시마

장하다, 온천에서
원숭이를 만나다? — 95

용선생의 스페셜 가이드
화산의 두 얼굴 — 104

9일 오키나와

허영심, 오키나와 바다에서
스노클링 실력을 뽐내다! — 107

용선생의 스페셜 가이드
그것이 알고 싶다! 오키나와 전격 해부! — 114

10일 홋카이도

곽두기, 홋카이도의
전통 음악에 푹 빠지다! — 117

용선생의 스페셜 가이드
홋카이도의 겨울은 어떨까? — 124

퀴즈로 정리하는 일본 — 128

정답 — 130

용선생

여행 9단!
한때 여행 마니아였던
이 선생님만
믿고 따라와!

나선애

지도 보기, 길 찾기는
나한테 맡기라고!
나만 따라오면
일본 여행 편하게 술술~

장하다

미래의 먹방 꿈나무!
일본에는 맛있는 게
그렇게 많다며?
다 먹어줄 테다!

허영심

멋진 사진을 원해?
셀카로 갈고닦은 실력,
사진 촬영은
내가 일등이지~

왕수재

한때 내 꿈은 만화가!
그리고 역시 만화와
애니메이션 하면
일본이지~

곽두기

호기심 대마왕!
온천도 하고 화산도
구경할래!
잠깐, 지진은 무서워~

나도 같이
여행할 거야!
꼭꼭 숨어 있는
나를 찾아봐!

♥ 여행 4일째 교토에서

만나면 '곤니치와(こんにちは)', 헤어질 때는 '사요나라(さようなら)'라고 하지!

토막 회화 한마디!

'감사합니다'는 '아리가토 고자이마스 (ありがとうございます)'라고 하면 돼.

왕수재, 도쿄 한복판에서 길을 잃다!

나리타 공항 ▶ 오다이바 ▶ 도쿄 국제 전시장 ▶ 아키하바라 ▶ 전망대

 일본의 수도 도쿄

"잠시 후 도쿄 나리타 공항에 착륙하겠습니다. 안전벨트를 매 주십시오."

오잉? 벌써 도착이라고?

시계를 보니 2시간 반밖에 안 지났어.

일본이 우리나라와 정말 가깝다는 걸 새삼 느꼈지 뭐야.

도쿄가 일본의 수도라는 건 알고 있지? 게다가 세계에서 손꼽히는 대도시야.

맛있는 것도 많고 볼 것도 엄청 많대. 호호, 기대된다!

 도쿄는 언제부터 일본의 수도였나요?

▶ 도쿄는 일본이 통일된 이후 1603년부터 정치 중심지가 됐어. 옛 이름은 '에도'였는데, 1868년 도쿄로 이름을 바꿨지.

버스를 타고 이동하는 동안 도쿄 시내를 볼 수 있었어.

높은 빌딩도 많고 도로는 차들로 꽉 차 있었지.

정말 대도시라는 느낌이 확 들더라고!

"헉, 형! 버스 운전석이 오른쪽에 있어!"

두기 말에 버스 앞쪽을 보니 앗, 진짜 우리나라랑 운전석이 반대지 뭐야.

그러고 보니 차들도 반대로 달리네?

신기하면서도 이상한 느낌이 들었어.

도쿄에서 가장 붐비는 시부야 거리

도쿄는 얼마나 큰 도시인가요?

▶ 도쿄의 인구는 약 1,360만 명, 서울보다 약 400만 명이나 많아. 일본 전체 인구의 약 30퍼센트가 도쿄와 도쿄 주변에 몰려 살고 있지.

일본의 대표 음식 초밥

생선이나 양념한 채소를 얹는 지라시 초밥

"선생님, 배고픈데 밥부터 먹으러 가요~ 네?"
먹보 하다가 선생님을 조른 덕에 배부터
채우기로 했어. 역시 일본 하면 초밥 아니겠어?
나, 왕수재가 미리 검색해 두었던 초밥집으로 출발!
앉아서 초밥을 기다리니 마음이 두근두근!
내가 제일 좋아하는 연어 초밥을 한 입 먹어봤더니,
세상에 이렇게 신선하고 맛있을 수가! 감동이야~~

> 캬~ 역시 초밥은 언제 먹어도 맛있어!

> 어? 이것도 초밥이라고 하나 봐!

> 맞아, 초밥에도 지역마다 여러 종류가 있대!

> 호호, 일본은 섬나라라서 해산물로 만든 다양한 요리가 발달했단다!

 일본 사람들은 언제부터 초밥을 먹었나요?

▶ 약 천여 년 전부터 숙성된 생선을 밥과 함께 먹곤 했대. 지금과 같은 한입 크기의 초밥은 1800년대부터 먹기 시작했어.

아~ 배부르다! 시장에서 나와 모노레일*을 타고 오다이바로 향했어.
오다이바는 다양한 즐길 거리가 모여있는 곳이래.

*선로가 한 가닥인 철도

갖가지 자동차를 볼 수 있는 테마파크, 커다란 온천, 드넓은 인공 모래 해변까지!
그래서 항상 사람들이 많이 찾는다고 하더라고.

그런데 마침 오다이바의 국제 전시장에서 만화 축제가 열리고 있대! 재밌을 것 같은데?
우리는 국제 전시장에 가서 직접 구경해 보기로 했어.

도쿄의 도심과 오다이바를 연결하는 레인보우 다리

어머, 강이 꽤 크네요?

흐흐, 저건 바다야.
도쿄는 사실 바닷가에 있는 항구 도시거든.

도쿄가 바닷가에 있었어요? 헐!

도쿄에도 항구가 있다고요?
▶ 응, 국제 무역항인 도쿄항이 있어. 도쿄항은 도쿄와 주변 도시의 생활용품이 들어오는 통로이기도 해.

만화가 발달한 일본

코스프레를 즐기는 사람들

"우아, 정신없어! 신기한 사람들 투성이야!"
여기저기 특이한 복장을 한 사람들이 잔뜩 돌아다니고 있어! 바로 코스프레*를 즐기는 거래.

*게임이나 만화 속의 등장인물로 분장하는 일

전시장은 만화에 관련된 각종 상품을 사고파는 사람들로 가득했어.

이런 만화 축제가 벌써 40년째 열리고 있다는 말을 듣고 깜짝 놀랐지 뭐야.

일본을 왜 만화와 애니메이션의 나라라고 하는지 알겠더라고!

코스프레는 언제부터 시작된 건가요?
▶ 일본에서는 1980년대 들어 만화나 소설 주인공으로 분장하는 행사가 열리곤 했대. 우리나라에서는 1992년에 처음 열렸지.

만화 축제장을
빠져나와 지하철을 타고
아키하바라로 이동했어. 두기가 꼭
사고 싶은 게임기가 있다고 해서 말이야.
"와, 건물이 온갖 만화 캐릭터로 꾸며져 있어!"
두기 말대로 거리는 만화와 게임 캐릭터
사진이 잔뜩 붙은 건물로 가득했어.
아키하바라는 만화를 좋아하는 사람들이 꼭
가 보고 싶어 하는 곳이라더니, 그럴 만도 하네!

만화 캐릭터로 꾸며진 아키하바라의 건물들

아키하바라는 원래부터 만화, 게임 천국이었나요?

▶ 아키하바라는 1970~80년대 세계 최대의 전자 제품 거리로 유명하던 곳이야. 1990년대부터는 게임과 애니메이션의 중심지로 더욱 유명해졌지.

헉, 그런데 잠깐 한눈을 판 사이 친구들을 놓쳐버렸어!

당황스럽지만 일단 침착하고, 지하철을 타면 되겠지?

으악! 그런데 지하철 노선도가 그야말로 미로 같잖아.

이 왕수재님이 영어는 좀 해도 일본어는 잘 모르는데…….

갑자기 무서워져서 눈물이 **찔끔** 나오는데,

저 멀리서 누군가가 막 달려오고 있어!

"수재야! 아이고~ 찾았다! 수재야, 다행이다!"

도쿄 지하철은 왜 그렇게 복잡한가요?

▶ 우리와 달리 수많은 민간 기업들이 지하철 노선을 운영하거든. 도쿄 수도권의 전철 노선을 모두 합치면 100개가 넘는대!

길치라고 자꾸 놀리는 장하다와 티격태격하다 보니 어느새 다음 장소에 도착했어. 여기는 도쿄 야경을 즐길 수 있는 명소 중 하나래!
"와~ 밤에 보니까 진짜 멋지다!"
심지어 날씨 좋은 낮이면 저 멀리 눈 덮인 후지산의 모습까지 보인대. 그 모습을 못 본 건 좀 아쉽더라고. 이렇게 일본에서의 첫날이 저물어갔지.

도쿄 타워
도쿄의 상징이자 대표적인 관광 명소야.
파리의 에펠탑을 모방해 만들었어.
원래는 방송용 수신탑이지.

저 왼쪽에 우뚝 솟은 주황색 건물이 도쿄의 상징 도쿄 타워란다!

어머~ 세상에! 반짝반짝 너무 멋져!

으이구!

? 도쿄 타워가 도쿄에서 제일 높은 건물인가요?
▶ 한때는 도쿄 타워가 가장 높았지만, 지금은 도쿄 스카이트리가 가장 높아. 높이 634미터의 도쿄 스카이트리는 일본에서도 가장 높은 건물이지.

알고 보면 큰 나라, 일본

일본 여행 첫날!
아이들이 일본에 대해 궁금한 점이 많다고 해서
하나하나씩 대답해 주기로 했어.
용선생에게 무엇이든 물어보세요!

일본이 우리나라보다 커요?

일본은 **홋카이도, 혼슈, 시코쿠, 규슈**라는 네 개의 큰 섬과 6,800개가 넘는 작은 섬으로 이루어진 섬나라야. 면적은 약 38만 제곱킬로미터로 한반도보다 약 1.7배나 크지.

인구는 얼마나 많아요?

일본은 **세계에서 11번째로** 인구가 많은 나라야! 일본의 인구는 약 1억 2,600만 명으로 우리나라 인구의 약 2배 수준이야.

일본 사람들은 주로 도쿄, 요코하마, 오사카 같은 대도시에 몰려 살고 있지.

일본의 경제 수준은 어때요?

일본은 미국과 중국에 이어 **국내총생산(GDP)이 세계 3위**야.
또, 아시아 국가로는 유일하게 세계 경제를 주도하는 주요 7개 국가(G7)에 포함되어 있어.
일본의 수도 도쿄도 세계 경제에 중요한 도시 중 하나로 손꼽히지.

일본의 자랑거리는 뭔가요?

일본은 세계에서 특허 출원을 가장 많이 하는 나라 중 하나로 손꼽혀. 특허가 많다는 건 그만큼 기술이 발전했다는 뜻이겠지? 또 학문적으로 기반도 탄탄해서 이제까지 여러 분야에서 받은 **노벨상도 20개**가 넘어.

▶ 1968년 노벨문학상
가와바타 야스나리

▶ 2019년 노벨화학상
요시노 아키라

일본 문화가 유명한가요?

일본 문화는 세계적으로 인기를 끌고 있어.
특히 일본 만화는 한때 선풍적인 인기를 얻어서 '일본'을 뜻하는 '재팬'과 '애니메이션'을 합친 **'재패니메이션'**이란 말이 생길 정도였지.
또, 초밥, 돈가스 등의 일본 음식도 인기가 많아서 세계 어디를 가든 일식집을 쉽게 볼 수 있단다.

◀ 일본의 유명 캐릭터 피카츄

숨은 인물 찾기

이런, 수재가 지하철역에서 그만 길을 잃고 말았어!
그림을 잘 보고 왕수재를 찾아줘!

나선애, 가부키 분장을 해 보다!

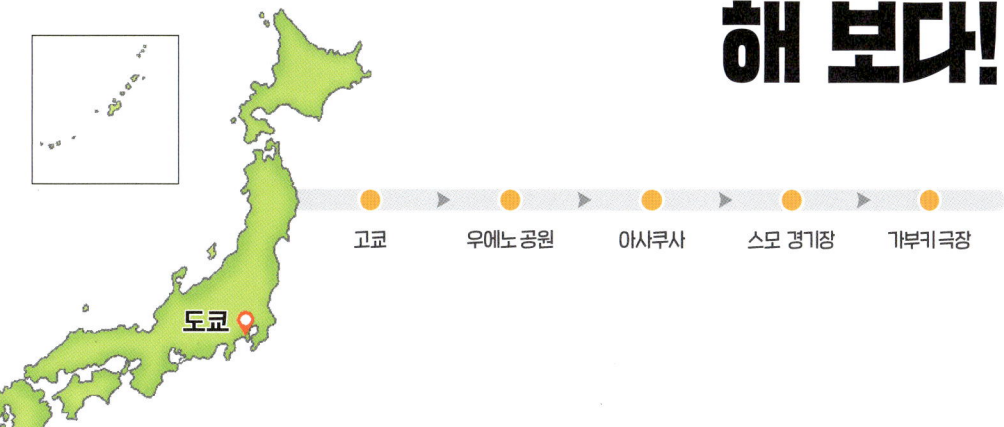

고쿄 ▶ 우에노 공원 ▶ 아사쿠사 ▶ 스모 경기장 ▶ 가부키 극장

도쿄

고쿄

일본의 왕궁. 약 130년 전부터 일왕이 살기 시작했어. 도쿄 중심부에 있는데, 대부분의 지역은 일반인의 출입이 제한되어 있지.

왕이 사는 고쿄

헉헉, 오늘은 여행 2일째!

그런데 우리는 아침부터 왜 뛰고 있는 거지?

"선생님! 아무리 공원이 좋아도 그렇지, 여행 와서 조깅이라니요!"

수재가 투덜거렸어.

그래도 푸른 나무들과 잔잔히 흘러가는 물길을 보니 기분은 좋네~ 히히.

어? 그런데 저 앞에 옛날 건물이 보이네?

"얘들아, 다 왔다! 여기가 바로 고쿄라는 곳이야."

 일본은 왕이 다스리는 나라인가요?

▶ 일본에는 왕이 있지만 실제로 나라를 다스리지는 않아. 왕은 국가 행사에 참가하거나 국민을 위로하는 활동만 해.

헐, 알고 보니 여기는 그냥 공원이 아니었어.
이 공원 안쪽에는 일본의 왕과 가족이 사는 집이 있대.
그러고 보니 어느새 주변에는 관광객들이 바글바글했어.
아직도 왕이 있다니 정말 신기해! 하지만 평소에는 왕의 모습을 거의
볼 수 없대. 대신 새해가 되면 이곳에서 사람들과 새해 인사를 나누는데,
이때 전국에서 아주 많은 사람들이 몰려든다더라고~

2019년
나루히토 일왕 즉위식

지금 일본 왕은 누구인가요?

▶ 지금 일본 왕은 나루히토야. 2019년에 즉위한 제126대 왕이지.

도쿄의 휴식처 우에노 공원

"이번에는 도쿄 사람들이 자주 찾는 우에노 공원에 가 볼까?"

우에노 공원은 도쿄 사람들이 휴식을 즐기러 많이 찾는 곳이래.

지하철을 타고 우에노 공원 역에 내리니 역시나 사람이 바글바글했어.

우리 같은 관광객뿐 아니라 평범한 일본 사람들도 많았지. 우에노 공원 안에는 다양한 박물관과 공연장이 있어서 평소에도 사람들이 많이 찾는다고 하더라고.

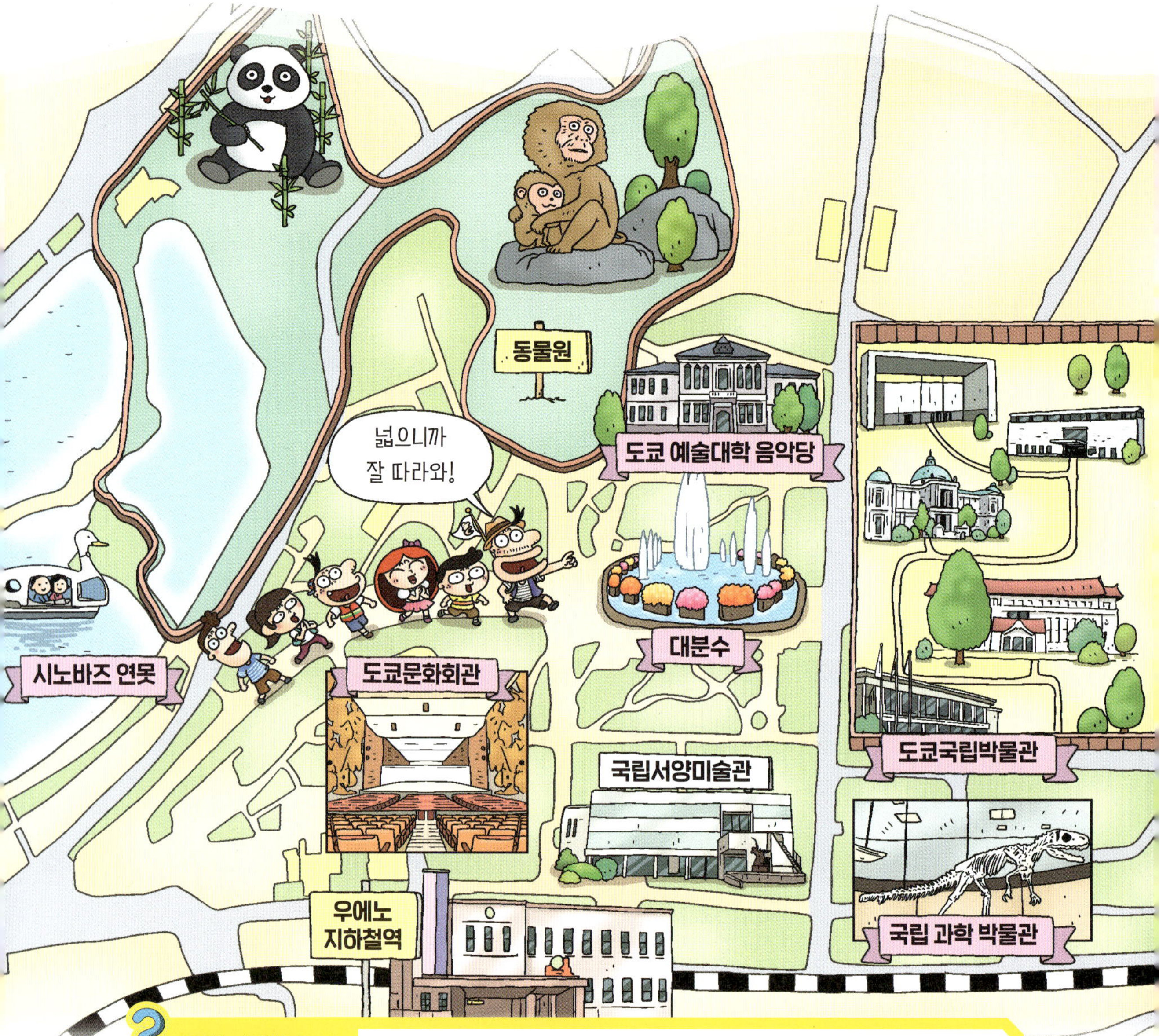

우에노 공원은 언제 가야 제일 아름다운가요?

▶ 우에노 공원은 산책로와 숲이 있어서 사계절 내내 아름다워. 특히 3월 말에서 4월 초 사이에 벚꽃이 피면 정말 멋있단다.

우리는 공원 이곳저곳을 구경했어. 그리고 일본에서 제일 큰 <u>도쿄국립박물관</u>도 둘러보기로 했지.

"우와, 저 갑옷이랑 칼 좀 봐!"

와, 옛날 사무라이*가 입던 갑옷과 칼도 그대로 진열되어 있었어. 또 일본의 다양한 그림과 조각도 볼 수 있었지. 한국어 설명이 있어서 관람도 편했어!

*옛날 일본의 무사

사무라이 갑옷

도쿄국립박물관은 얼마나 커요?

▶ 도쿄국립박물관은 5개의 큰 건물로 되어 있어. 그 안에 총 11만 7,000여 점의 유물과 작품들이 있지. 그 중에 일본의 국보가 89점, 중요 문화재가 644점이나 된대.

도쿄 주택가 모습

박물관에서 나온 뒤에는 근처에서 밥을 먹기로 했지. 식당을 찾아 걷는데, 음… 이 낯선 느낌은 뭐지?
"어? 길에 주차된 차가 하나도 없네!"
일본에서 차를 운전하려면 개인 주차장이 꼭 있어야 한대. 그래서 우리와 달리 길가가 아니라, 개인 주차장에 차를 세워둔다고 해.
아파트가 거의 보이지 않고 단독주택이 많은 것도 신기했어.

일본에는 높은 아파트가 별로 안 보여.

길도 좁고 아기자기한 느낌인걸?

쓰레기도 하나도 없어~

귀여워~

냐옹~

일본에 낮은 건물이 많은 이유가 있나요?

▶ 일본은 지진이 자주 일어나. 건물을 낮게 지을수록 지진에 무너질 확률이 낮기 때문에, 높게 짓지 않지.

일본의 옛 모습이 남아 있는 아사쿠사

"이번엔 일본의 옛 모습을 보러 아사쿠사로 가볼까?"

선생님을 따라 조금 걸으니, 저 멀리 빨간 옛날 건물이 보여!

지붕 밑에는 큰 한자가 써진 등불이 달려 있었지. 드디어 다 왔나 봐!

저 대문 뒤쪽이 아사쿠사인데, 400년 가까이 된 상점이 모여있대.

"와~ 엄청 오래된 거리가 이렇게 잘 남아 있다니, 신기하다!"

좁은 길 양쪽으로 일본의 전통 기념품과 음식을 파는 가게들이 늘어서 있었어.
그래서인지 유독 외국인 관광객들이 많았지.

아사쿠사 상점가 풍경

이 대문이 바로 아사쿠사의 명물이란다!

헉, 저거 떨어지면 어떡해요!

외국 사람들도 엄청 많네!

저 오래된 대문은 뭐예요?
▶ '센소지'라는 절의 입구야. 이름은 '가미나리몬'이지. 빨간 등은 가로가 3.3미터, 높이는 3.9미터나 되고 무게는 무려 700킬로그램이란다.

일본의 전통 격투기 스모

이번에는 일본의 전통문화를 즐길 차례!

우리는 일본의 전통 격투기인 '스모'를 보러 가기로 했어.

스모는 우리나라로 치면 씨름 같은 운동인데, 인기가 많다더라?

경기장으로 가는 길에는 스모와 관련된 전시물이 가득했어.

유명 스모 선수들의 사진이나 손도장 같은 것들이

전시되어 있었지.

 스모는 얼마나 인기가 많나요? ▶ 일본에서는 축구, 야구와 더불어 3대 스포츠라고 할 만큼 인기가 많아. 1년에 6번 정도 큰 대회가 열리는데, 매번 관람석이 꽉 차지.

"경기장 안이 벌써 사람들로 꽉 차 있어!"
경기장이 생각보다 엄청나게 커서 놀랐어.
경기장 한가운데에는 모래판이 있고 천장도
엄청 높았지.
방송사 카메라도 여러 대 와 있었어!
드디어 경기 시~작! 덩치가 거대한 스모 선수들은 꼭 커다란 황소 같았어.
모래판 위를 돌며 으쌰 으쌰 부딪치더니 서로를 밀어내려고 안간힘을 썼지!
와, 엄청 박진감 넘치더라!

스모 경기 모습

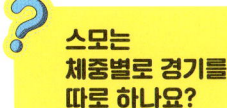
스모는 체중별로 경기를 따로 하나요?

▶ 아니. 스모는 실력별로 계급이 나뉘어. 계급별 성적에 따라 높은 등급에 오르거나 낮은 등급으로 떨어진대.

일본의 전통 연극 가부키

도쿄에 있는 가부키 전문 공연장

스모 경기장을 나와서 가부키 극장으로 이동했어.
영심이가 가부키를 꼭 보고 싶다고 해서 말이지.
"가부키는 일본을 대표하는 전통 연극이야."
가부키 극장은 무척이나 조용했어. 우리는 모두
숨죽이며 가부키를 보게 됐지.
의자에 등받이가 없어서 좀 불편했지만,
분위기 깰까봐 투덜거리지도 못하겠더라고~

가부키는 언제 시작되었나요?
▶ 약 400년 전에 시작됐어. 재미있는 건 가부키에는 반드시 남자 배우만 등장한다는 거야. 그래서 여자 배역도 남자가 맡지.

"저 사람들 꼭 슬로 모션으로 움직이는 것 같아!"

가부키 배우들은 전통 의상을 입고 얼굴에는 하얀 분장을 했어.

그리고 느린 음악에 맞춰서 엄청 느릿느릿하게 움직였지.

어찌나 느린지 중간에 살짝 졸릴 정도였어……. 음냐음냐.

공연이 끝나고 같은 건물 5층에 있는 가부키 분장 체험 스튜디오에 가 봤어.

분장하고 나서 서로 얼굴을 봤는데 너무 웃기지 뭐야.

그래도 추억이니까 인증샷은 남겨야겠지? 헤헤.

 가부키 배우들은 왜 이렇게 분장하는 거예요?
▶ 배역의 성격이나 표정을 돋보이게 하려고 화려한 분장을 하는 거래.

용선생의 스페셜 가이드

일본의 맛을 찾아서

일본은 맛있는 음식이 많은 나라로도 유명해.
초밥, 우동, 라멘, 돈가스, 돈부리… 우리에게 익숙한 음식도 꽤 많지.
일본에 왔으니 하나하나 빼놓지 않고 다 먹어봐야겠지?
일본에는 어떤 음식이 있는지 한번 꼼꼼하게 살펴볼까?

스시(초밥) すし
일본을 대표하는 음식이야. 다양한 해산물을 숙성시켜서 식초와 소금으로 간한 밥과 함께 먹지. 우리에게 익숙한 한입 크기로 만든 초밥뿐 아니라 틀에 밥과 생선을 넣고 눌러서 만든 초밥, 밥 위에 재료를 흩뿌린 초밥도 있어.

우동 うどん
밀가루로 만든 통통하고 쫄깃쫄깃한 면에 소스를 부어서 비벼 먹거나 국물에 넣어 먹는 음식이야. 곁들이는 재료와 먹는 법에 따라 다양한 종류가 있지.

라멘 ラーメン
여러 가지 재료로 우린 국물에 직접 뽑은 생면을 넣어 만든 면요리야. 간장, 미소장국, 닭뼈를 우린 육수, 돼지뼈를 우린 육수 등 국물에 따라 종류가 나뉘지.

돈가스 とんかつ

돼지고기를 두툼하게 썰어서 밀가루, 달걀, 빵가루를 입혀 기름에 튀겨 만들어. 서양의 '포크 커틀릿'이라는 음식을 일본식으로 살짝 변형한 음식이지. 밥과 장국, 채 썬 양배추와 함께 젓가락으로 먹는 게 특징이야.

돈부리 どんぶり

밥 위에 각종 재료를 얹어서 먹는 일본식 덮밥이야. 돈가스를 얹은 가츠동, 닭고기 달걀 볶음을 얹은 오야코동, 소고기를 얹은 규동, 튀김을 얹은 텐동 등 올리는 재료에 따라 이름이 달라져.

주목! 소풍 가는 분들~ 오니기리 도시락 주문 받아요!

내가 바로 일본식 삼각김밥 오니기리!

일본 사람들은 도시락을 아기자기하고 예쁘게 만드는 걸 좋아해!

다른 그림 찾기

단체 사진을 연속으로 두 장 찍었는데, 약간씩 달라진 곳이 있지?
모두 일곱 군데야. 어딘지 찾아볼까?

장하다, 오사카에서 배탈이 나다!

신칸센 ▶ 오사카성 ▶ 텐진 마츠리 ▶ 도톤보리

오늘은 도쿄를 떠나 오사카로 가는 날이야.

신칸센을 탈 거라서 기차역에 와 있지.

"얘들아, 우리 열차에서 먹을 도시락을 골라보자!"

도시락?! 그러고 보니 기차역에 도시락 가게가 엄청 많지 뭐야.

종류도 많고 전부 다 맛있어 보였어.

이렇게 열차에서 먹는 도시락을 '에키벤'이라고 부르는데, 무려 수천 가지나 된대!

크아~ 다 먹어보고 싶다!

 일본 사람들은 에키벤을 엄청 좋아하나 봐요?

▶ 그럼~ 에키벤을 먹기 위해 기차에 탄다는 말이 있을 정도야. 해마다 에키벤 경연 대회가 열리고, 각 역마다 독특한 에키벤이 있을 정도래.

세계 최초의 고속철도 신칸센

휴, 이 많은 에키벤 중에 하나만 먹어야 한다니…….
이 장하다님에게는 세상에서 제일 어려운 일이었어.
겨우겨우 하나를 골라 드디어 오사카로 가는 신칸센을 탔지.
이걸 타면 오사카까지 2시간 반 정도 걸린대.
엄청 빠른 속도로 가는 기차라고 해서 좀 긴장했는데,
별로 흔들리지도 않고 편안해서 놀랐어.
창밖을 구경하며 에키벤을 먹으니 음~ 완전 꿀맛이야~

후지산
일본을 대표하는 산이야.
높이 약 3,700미터로
일본에서 가장 높지.

쉿! 얘들아, 조용!
너희만 떠들고 있어~

쿠오오오오

오오! 저기 후지산이 보인다! 완전 멋져!

음~ 내 도시락 진짜 맛있네! 수재 네 것도 좀 먹어보자!

야! 너무 많이 가져가잖아!

신칸센은 얼마나 빠른가요?
▶ 현재 최고 속도는 시속 285킬로미터야. 최근에는 시속 600킬로미터가 넘는 세계에서 가장 빠른 고속철도 실험에 성공했대.

📍 오사카의 상징 오사카성

"와, 드디어 오사카 도착!"

오사카는 일본에서 도쿄 다음으로 크고 중요한 도시래.

우리는 먼저 오사카의 상징인 오사카성을 가 보기로 했어.

오사카 한복판에 있는 오사카성에는 우리 같은 관광객이 엄청 많았어.

으아, 그런데 성 안이 이렇게 넓을 줄이야!

전망대가 있는 꼭대기까지 가는 데도

한참 걸렸지 뭐야.

오사카성 천수각

오사카성 중심에 있는 건물. 총 8층으로 1층에서 7층까지는 역사 자료관, 8층에는 전망대가 있어.

드디어 오사카성에서 가장 높은 건물인 천수각에 도착했어!
엘리베이터가 있어서 다행히 쉽게 올라갈 수 있었지. 호호~
높은 곳에서 바라본 오사카성은 정말 넓고 웅장했어.
그런데 원래는 건물도 훨씬 많고,
더 크고 화려했대.
헉, 심지어 금으로 만든 장식으로
뒤덮여 있었다지 뭐야? 진짜 볼만했겠다!

물길로 둘러싸인 오사카성

일본의 성은 적의 침입을 막기 위해 이렇게 두 개의 물길로 둘러싸여 있어.

적의 침입을 살피기 위해서 건물도 이렇게 높게 지었대요~

엄청 넓구만!

망루 / 화약창고 / 천수각 / 화폐 금고 / 성주가 살던 곳 (없어짐) / 망루 / 문 / 문 / 망루 / 문

오사카성은 누가 지었나요?
▶ 오사카성은 일본을 통일한 도요토미 히데요시가 권력을 과시하기 위해 지었어. 도요토미 히데요시는 임진왜란을 일으킨 사람이기도 해.

오사카의 번화가 도톤보리

으아~ 그런데 빠져나가는 길이 완전 지옥이었어!

사람이 어찌나 많은지, 지하철역까지 가는 데만 1시간을 걸었지 뭐야.

"얘들아, 배고프고 힘들지? 맛있는 거 먹으러 가자!"

헉, 맛있는 거?! 선생님의 말씀에 눈이 번쩍 뜨이는 기분이었어!

선생님을 따라간 곳은 도톤보리였는데,

이곳은 오사카에서 가장 붐비는 거리래.

 도톤보리에서는 어떤 음식을 먹어야 하나요?

▶ 타코야키를 먹어야지! 타코야키는 오사카에서 만들어진 음식이거든. 일본어로 '타코'는 문어를, '야키'는 구이를 뜻해.

"앗, 저거 타코야키 아니에요?"

킁킁, 맛있는 냄새! 한국에서도 본 타코야키 트럭이 있어.

그 옆 트럭에서는 우리나라의 빈대떡과 비슷한 오코노미야키를 팔고 있었지.

이것 말고도 내가 좋아하는 음식이 가득했어.

우동, 야키소바, 닭튀김~! 이야~ 맛있는 게 한가득이야!

선생님이 그러시는데, 그래서 오사카의 별명이 '천하의 부엌'이래.

캬, 나에게는 완전 천국이잖아?

오사카의 명물 타코야키

왜 오사카 별명이 '천하의 부엌' 인가요?

▶ 오사카는 일본에서 제일 큰 항구라 온갖 먹거리가 모여들었거든. 그래서 오사카에서 구할 수 없는 음식은 없다고 해서 붙여진 별명이지.

배를 빵빵하게 채우고 본격적으로 도톤보리 구경에 나섰어.
마침 도톤보리강을 오가는 유람선이 있어서 그걸 타고 야경을
감상하기로 했지.
"얘들아, 이 강은 사실은 사람이 직접 판 거란다!"
와, 대박! 이게 사람이 만든 강이었다니!
선생님이 그러시는데, 오사카는 이 물길 덕분에 지금처럼
큰 도시가 된 거래. 바다를 오가는 배들이 운하를 타고
도시 안쪽까지 더 쉽게 들어올 수 있었거든.
으으, 그런데 갑자기 배가 살살 아프기 시작했어.
맛있다고 아까 너무 많이 먹었나 봐.
빨리 화장실을 가야 할 것 같은데,
어떡하지? 나 좀 살려줘~~

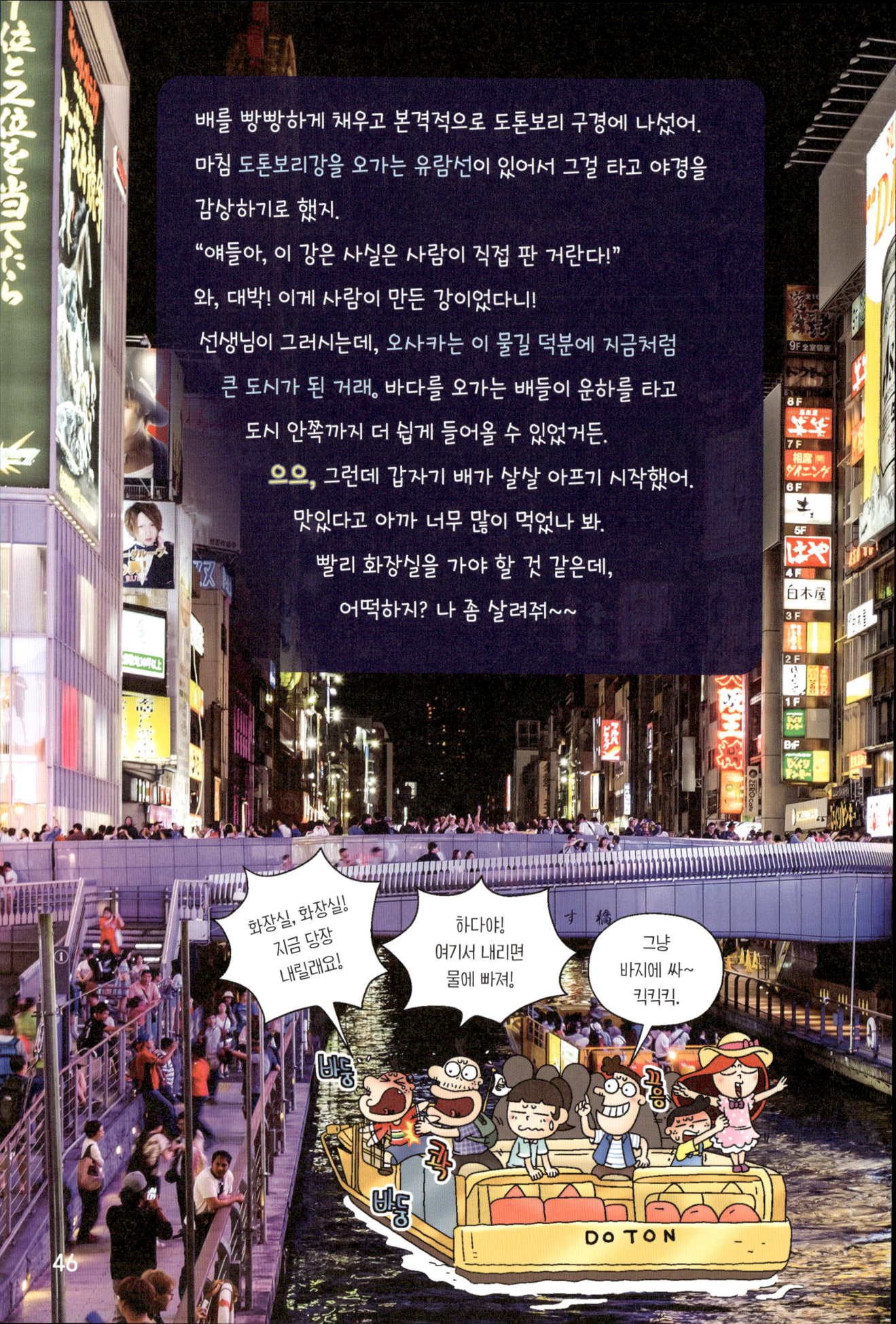

화장실, 화장실! 지금 당장 내릴래요!

하다야! 여기서 내리면 물에 빠져!

그냥 바지에 싸~ 킥킥킥.

오사카를 '물의 도시'라고도 부른다던데요?

▶ 오사카에 수많은 강과 운하가 있어서 그런 별명이 생겼어. 다리가 약 200개나 되어서 '다리의 도시'라고도 불려.

47

용선생의 스페셜 가이드

숫자와 그림으로 보는 철도 왕국, 일본!

일본의 별명이 철도 왕국이라는 사실, 알고 있니?
일본은 전국 구석구석 철도가 깔려있을 뿐만 아니라 이용하는
사람의 수도 어마어마한 나라거든. 땅 밑으로 다니는 지하철뿐만 아니라
땅 위로 다니는 전철이 많은 것도 신기한 점이야.
자, 그럼 일본의 철도에 대해 숫자와 그림으로 한번 알아볼까?

일본 최초의 철도 1872년
1872년 10월 14일, 도쿄와 도쿄 근처의 항구도시 요코하마 간의 증기기관차 노선이 처음 개통되면서 일본의 철도 역사가 시작되었어.

아시아 최초의 지하철 1927년
1927년, 일본에서는 아시아 최초로 지하철이 건설됐어. 나라가 아니라 민간 기업에서 건설한 노선이었지.

세계 최초의 고속철도 1964년
일본의 고속철도 신칸센은 1959년 만들기 시작해서 1964년에 개통했어. 도쿄와 오사카를 연결하는 구간이었지.

일본의 철도 회사 수 약 200개
일본에는 200여 개의 철도 회사가 있어.
각 회사마다 운영 방식이 서로 달라서,
갈아타려면 승차권을 따로 사야 해.

일본 신칸센 vs. 우리나라 KTX 가격 비교

도쿄에서 나고야까지 약 350킬로미터 구간이 우리 돈으로 12만원 정도야. 우리나라 KTX 가격보다 1.5배에서 2배쯤 비싸.

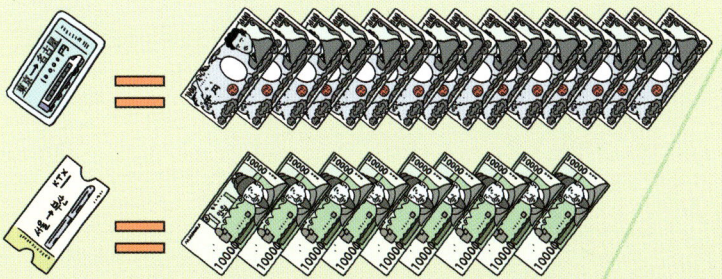

신칸센 고장으로 인한 인명 피해 수 0건

신칸센은 개통한 이후로 차량이나 시설 문제로 인한 인명 사고가 단 한 건도 없어.

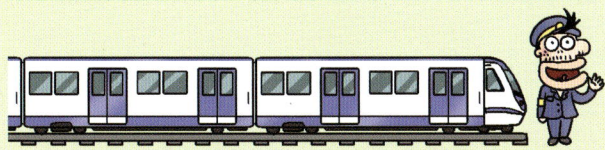
도쿄 36억 명

베이징 34억 명

상하이 28억 명

서울 26억 명

모스크바 24억 명

도쿄 지하철 1년 이용객 수 36억 명, 세계 1위

도쿄 지하철은 세계에서 가장 붐비는 지하철이야.

수천 가지 에키벤

일본에는 300여 개 철도역에 2,000가지가 넘는 에키벤이 있대.

스티커 붙이기

기차 안에서 먹을 에키벤을 고르는 중이야. 설명을 잘 보고 각자 먹고 싶어 하는 에키벤을 찾아서 붙여 줘!

역시 체력 보충에는 장어덮밥 도시락이지!

난 신선한 연어덮밥을 먹을 거야~

헤헤, 나는 김초밥이랑 생선초밥이 든 도시락!

난 세 가지 색깔 구성이 너무 예쁜 이 도시락!

튀김도 먹고 싶고 돈가스도 먹고 싶은데…. 오, 둘 다 있는 도시락 좋네!

역시 고기를 먹어야지~ 난 소고기 도시락!

(스티커를 붙이세요. × 6)

곽두기, 여름 축제에서 금붕어 잡기 왕이 되다!

킨카쿠지 ▶ 료안지 ▶ 기요미즈데라 ▶ 기온 마츠리

교토

📍 천 년 동안 수도였던 교토

오늘은 벌써 여행 4일째!

우리는 아침 일찍 교토로 가고 있어. 교토는 아주 오래된 도시인데,

오사카에서 전철로 30분이면 갈 수 있을 정도로 가깝대.

"어? 저기 엄청 높은 옛날 건물이 보여요!"

교토역에 거의 도착하니 오른쪽 창밖으로

높이 솟은 기와지붕 건물이 보였어.

선생님이 그러시는데, 옛날에는 저 건물이

교토에서 가장 높은 건물이었대~

오래된 절과 어우러진 교토 풍경

덜컹

와, 도시 한복판에 탑이 있어!

야~ 바로 앉아!

? 창밖에 보이는 탑은 이름이 뭔가요?

▶ '도지'라는 절에 있는 5층짜리 탑이야. 높이는 54.8미터! 나무로 만든 탑 중에 일본에서 가장 높아.

"교토에는 왜 이렇게 절이 많아요? 하나, 둘, 셋, 넷…."
지도를 보던 선애 누나가 절의 개수를 세기 시작했어.
헉, 지도에 표시된 절만 해도 20개가 넘잖아?
실제로는 1,700개 가까이 된대!
알고 보니 교토는 옛날에 거의 천 년 동안 일본의 수도였다고 해.
그래서 도시 곳곳에 오래된 절과 건물들이 아주 많은 거래~

절이 편의점만큼 많네!

📍 금빛으로 빛나는 절 **킨카쿠지**

"와, 절이 금색이야! 저거 진짜 금이에요 선생님?"

제일 먼저 들른 곳은 **킨카쿠지**라는 절이었어.

선생님이 아주 화려한 곳이라고 하셔서 기대했는데 과연 그렇더라고~

진짜로 잔잔한 호수 위에 금박을 입힌 건물이 있지 뭐야! 이곳은 원래 귀족의 별장으로 쓰이다가 나중에 절이 됐대. 그래서 이렇게 화려한가 봐!

아하, 그래서 쇠 금(金)자에 누각 각(閣)을 써서 금각사라고 부르는구나!

오오, 역시 한자 천재 우리 두기!

근데 사람들이 몰래 저 금 떼어가면 어떡해요?

? 킨카쿠지는 진짜 금박을 입힌 건가요?

▶ 응! 킨카쿠지의 금박에는 20킬로그램이나 되는 순금이 사용됐어. 어마어마하지?

바위 정원으로 유명한 **료안지**

두 번째로 들른 곳은 근처의 료안지라는 절이었어.

선생님께서 이곳에서는 반드시 조용히 해야 한다고 신신당부하셨지.

뒤뜰로 갔더니 회색 모래와 바위만 가득한 정원이 있었어.

선생님이 그러시는데, 이 정원은 모래로 물결과 파도를 표현한 정원이래.

사람들은 마루에 앉아 조용히 정원을 바라보고 있었어.

그런데 어찌나 쥐 죽은 듯이 조용하던지!

나도 옆에 앉아 있다가 그만 꾸벅꾸벅 졸았지 뭐야.

 정원의 바위도 일부러 가져다 둔 거예요?

▶ 그럼! 료안지 정원에는 총 15개의 돌이 있어. 그런데 돌의 위치 때문에 어느 방향에서 보아도 한번에 14개밖에 볼 수가 없지. 깨달음을 얻은 사람만이 15개를 한번에 볼 수 있다고 해.

"어휴, 더워. 선생님! 우리 빙수 한 그릇만 먹어요~ 네?"

영심이 누나가 빙수 사진이 붙여진 가게를 가리키며 말했어.

휴, 사실 오늘따라 날씨가 정말 덥긴 해.

가게에 들어오니 겨우 좀 살 것 같네!

얼마 후 우리가 시킨 과일 빙수가 나왔는데… 엥?

아무 토핑도 없이 곱게 간 얼음에 시럽만 뿌렸지 뭐야?

이게 일본식 빙수구나!

그래도 아주 달고 시원했어, 히히~

일본식 빙수

 일본 사람들은 언제부터 빙수를 먹었나요?

▶ 일본 귀족들이 약 천 년 전부터 빙수를 먹기 시작했대. 겨울 동안 저장한 네모난 얼음 덩어리를 깎아 달콤한 시럽과 함께 먹었지.

"얘들아, 너희 도로 위를 달리는 기차 타볼래?"

응? 기차가 어떻게 도로 위를 달린다는 거지?

걷다 보니 아주 아주 작은 기차역에 도착했어. 조금 있다가 멀리서 기차가 들어오는데, 글쎄 딱 한 칸밖에 없는 너무 작은 기차지 뭐야!

더 재미있는 건 역을 벗어나니까

기차가 자동차 도로에서 차들과 나란히 달리는 거였어!

와, 이런 건 태어나서 처음 타 봐!

작은 역에 멈춘 기차

이렇게 작은 기차가 다니는 게 신기해요!

▶ 이 기차는 심지어 버스나 지하철보다 느려. 하지만 가까운 거리를 다니는 동네 주민들이 많이 탄대. 게다가 관광객들에게도 인기가 많지.

휴, 다음은 어디로 가길래 이렇게 언덕길과 계단을 계속 올라가는 거람? 어느새 온몸이 땀범벅이 되었어.

으~ 일본의 여름은 정말 덥고 습하구나!

"어머~ 세상에! 이 가게들 좀 봐. 너~무 예쁘다!"

언덕길 양쪽에는 오래된 식당과 상점이 가득했지.

상점에서는 아기자기하고 예쁜 물건을 정말 많이 팔았어.

구경하느라 시간 가는 줄 몰랐지~

관광객으로 붐비는 언덕길

 이 돌계단에 무시무시한 전설이 있다면서요?

▶ '여기서 넘어지면 3년 안에 죽는다' 또는 '수명이 3년 단축된다'는 무시무시한 전설이 전해져. 계단이 길고 가파르니까 조심하라는 뜻에서 생긴 전설일 거야!

 소원 빌기 명소 기요미즈데라

우리가 도착한 곳은 '기요미즈데라'라는 오래된 절이었어.

으아~ 또 절이라니! 정말 너무해!

그런데 알고 보니 이 절에 소원을 이뤄주는 약수가 있다지 뭐야?

"저기 세 줄기로 떨어지는 물줄기 보이니?

저게 바로 소원을 이뤄주는 약수란다."

선생님의 말씀에 우리도 재빨리 줄을 섰어. 정말 소원이 이뤄지면 좋겠다!

 아무 물줄기나 받으면 돼요? ▶ 세 줄기의 물은 각각 건강, 공부, 연애를 의미해. 이루고 싶은 소원과 맞는 물줄기를 받아서 손을 씻고 입을 헹구면 돼.

59

교토의 명물 축제 기온 마츠리

기요미즈데라를 구경하고 나오니 어느새 날이 어둑어둑해.

우리는 '기온 마츠리'를 구경하러 갔어.

기온 마츠리는 여름마다 교토에서 열리는 아주 유명한 축제래.

주변에는 맛있는 음식이나 기념품을 파는 포장마차들이 잔뜩 늘어서 있고,

수많은 구경꾼들로 벌써 왁자지껄했지.

전통 의상인 기모노를 입은 여자들도 많이 보였어.

일본에는 지역마다 이런 축제가 많이 열린대~

일본에는 왜 이렇게 축제가 많아요?
▶ 일본은 옛날부터 잦은 자연재해에 맞서 힘을 합치고, 신께 감사하기 위해 축제(마츠리)를 열었대. 그래서 계절마다 다양한 축제가 생겨났지.

우리는 맛있는 꼬치구이와 간식을 먹으며 축제를 구경했어.

포장마차 사이에는 재미있는 오락거리를 즐길 수 있는 곳도 많았지.

"저기서 아이들이 금붕어를 막 잡고 있어!"

저건 일본 축제에서 빠지지 않는 금붕어 잡기 놀이래.

금붕어 잡기라니, 재밌겠다!

응? 그런데 원래 이렇게 잘 잡히는 건가?

우아! 내가 1등이다!

이렇게 몰랐던 재능을 발견할 줄이야?!

종이 뜰채로 금붕어를 잡는 어린이

으하하! 이것 좀 봐!

두기야! 너 금붕어 잡기 신동 아니야?

어서 와, 기모노는 처음이지?

일본의 전통 의상 기모노를 파는 예쁜 가게야!
기모노는 성별이나 입는 때에 따라 형태와 무늬가 다양하대.
가게에 전시된 기모노를 보면서 천천히 한번 알아볼까?

게타
기모노와 함께 신는 전통 신발이야. 보통 나무로 만들고, 엄지발가락과 둘째 발가락 사이에 끈을 끼워 신지.

타비
게타를 신을 때 신는 전통 양말이야. 엄지발가락과 둘째 발가락 사이가 나누어져 있어.

후리소데
졸업식이나 성인의 날(매년 1월 둘째주 월요일)에 결혼하지 않은 여성이 입는 옷이야. 소매가 넓고 길며 화려한 그림이 있어. 입는 법도 복잡해서 혼자 입기 힘들 정도래.

레이소
남성이 입는 공식적인 예복이야. 결혼식이나 1월 1일 신사 참배 등 공식적인 행사 때 입지. 기모노 위에 치마와 가문을 상징하는 무늬가 장식된 겉옷을 겹쳐 입어.

오비(허리띠)
기모노를 입을 때 허리에 매는 띠야. 무늬가 아주 다양하고, 폭과 길이, 매듭 묶는 모양도 다르지.

유카타(여성)
축제나 여름 외출 때 입는 옷이야. 원래는 목욕 후 입는 옷이었지. 기모노와 거의 똑같지만 소매가 짧고 얇아. 유카타를 입을 때는 맨발에 게타만 신어.

유카타(남성)
남성용 유카타는 색과 무늬가 비교적 단순해. 또 오비를 더 낮게 묶지.

하카마
기모노 위에 겹쳐 입는 하의야. 여성들이 대학교 졸업식 때 입는 옷이지.

금붕어 잡기

금붕어 잡기에 도전한 친구들! 각자 잡고 싶은
금붕어를 찾아서 모두 **동그라미** 쳐 보자!

허영심, 알고 보니 다도 천재?

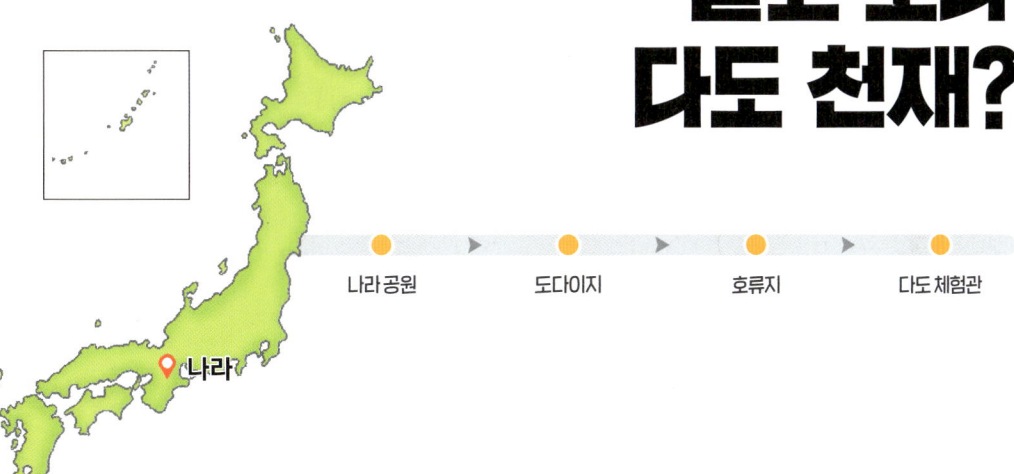

나라 공원 ▶ 도다이지 ▶ 호류지 ▶ 다도 체험관

📍 사슴으로 유명한 **나라 공원**

다시 기차를 타고 '나라'라는 도시에 왔어.

나라는 한때 일본의 수도였고, 불교 문화가 발전했던 곳이래.

이곳에는 야생 사슴이 사는 공원이 있다고 해서 먼저 가보기로 했어!

"우아, 진짜 사슴들이 여기저기 뛰어다니네!"

헉, 그런데 그때 갑자기 사슴 한 마리가 내가 든 과자를

덥석 물고 도망가는 거 있지?! 나도 모르게 꺅 소리를 질렀더니

사슴이 과자를 뱉고 도망가더라고~ 너도 놀랐니? 미안~~ 호호!

사슴에게 과자를 주는 관광객

이 공원에는 사슴만 있어요?

▶ 나라 공원에는 1,300여 마리의 사슴이 있어. 그것 말고도 나라국립박물관과 나라현립미술관 등 여러 볼거리가 있지.

그런데 건물 안에 신기한 나무 기둥이 있었어.
기둥 아래쪽에 큰 구멍이 뚫려 있고 사람들이
낑낑대며 기어서 거길 통과하고 있는 거야.
"얘들아, 이 구멍을 통과하면 1년 동안 나쁜 일이 없다는 말이 있단다."
오호~ 그렇단 말이지?!
그런데 장하다는 몇 년어치를 몰아서 하겠다며
혼자 다섯 번이나 통과하지 뭐야. 에휴~

일본에서 가장 큰 목조 건물인
도다이지 대불전

도다이지에는 또 무슨 볼거리가 있나요?

▶ 도다이지에는 쇼소인이라는 창고가 있어. 일본의 각종 문화재와 일본이 다른 나라와 교류하면서 수집한 예술품들이 많이 남아 있지.

일본의 자랑 **호류지**

다음으로 향한 곳은 호류지라는 곳이었어.
관광객으로 시끌벅적한 도다이지와는 달리
아주 한적하고 조용한 절이었지.
"호류지는 세계에서 가장 오래된 목조 건물이야.
게다가 우리나라와도 관계가 깊어."
옛날에 일본이 우리나라로부터 불교를 받아들이고
활발히 교류했을 때 지어진 절이라 그렇대.

쇼토쿠 태자 (가운데)

명상이 저절로 되는 분위기구만~

이렇게 오래된 건물이 아직도 남아있다니 신기해요!

호호, 이 절을 세운 쇼토쿠 태자가 바로 백제를 통해 불교를 받아들였지.

일본에서 많이 마시는 말차

📍 일본의 전통 문화 **다도**

까~ 드디어 내가 가장 기다렸던 오늘의 일정! **다도***체험을 하러 이동했어.
　　＊차를 달이고 마시는 방법이나 예의범절

기모노를 입은 여자분께서 우리를 안내해 주시더니

차를 만들어 잔에 따르고 마시는 법까지 친절하게 가르쳐 주셨지.

그런데 여자분께서 갑자기 나를 보고 일본어로 뭐라 뭐라 하셨어.

응? 내가 뭐 잘못했나?

살짝 긴장했는데, 알고 보니 내가 너~무 잘한다고 칭찬하신 거라나~ 호호.

 일본 사람들은 주로 어떤 차를 마시나요?

▶ 일본에서는 말차를 즐겨 마셔. 가루로 만든 찻잎을 찻주전자에 넣어 뜨거운 물을 붓고, 대나무로 된 막대로 저어서 거품을 내어 마시지.

 70

선생님께서 일본의 다도에 대해서 더 설명해 주셨어.

일본에서는 약 600년 전부터 다도가 발달했어.

일본 사람들은 다도가 정신을 맑게 하는 신성한 의식이라고 생각했지.

그래서 아주 엄격한 절차와 규칙을 만들었대.

차 한 잔 마시는 데 그렇게 정성을 기울이다니, 정말 신기해!

일본의 다도 순서

① 방에 놓인 꽃과 족자의 글씨를 감상해.

② 주인이 차를 타는 동안 전통 과자를 종이로 받쳐 들고 먹어. 차를 맛보기 전에 모두 먹는 것이 예의야.

③ 주인이 차를 내어주면 인사를 하고 찻잔을 시계 방향으로 두어 번 돌린 후 마셔.

④ 차를 다 마시면 입이 닿았던 곳을 닦아 내려놓고 찻잔을 감상한 뒤 주인에게 인사해.

 방 안에 있는 꽃과 족자는 뭐예요?

▶ 방 한 쪽에 바닥을 한 층 높게 해서 벽에는 그림이나 족자를 걸고 바닥에는 꽃병이나 화병을 놓아. 이걸 '도코노마'라고 해.

용선생의 스페셜 가이드

우리나라와 일본의 역사 앨범

일본은 우리나라와 지리적으로 가깝기 때문에 아주 오랜 옛날부터
깊은 관계를 맺어왔어. 물론 항상 좋은 일만 있었던 건 아니지만 말이야.
역사 속에서 우리나라와 일본 사이에 어떤 일이 있었는지,
한번 간단히 알아볼까?

〈500년대〉
백제가 일본에 불교를 전파하다
일본은 불교 이외에도 배와 종이, 그릇 만드는 법 등
여러 기술을 배웠지.

〈1592년〉 임진왜란이 일어나다
일본이 조선을 침략했어. 오랜 전쟁 끝에
조선은 큰 피해를 입었지.

통신사 규모는
약 500명 정도였대!

임진왜란 중에
끌려간 조선인들을
되찾아 왔다더군~

〈1636년~1811년〉 조선통신사가 일본에 파견되다
임진왜란 이후 조선은 일본에 정기적으로 통신사를 보내
조선의 학문과 기술을 전했어.

〈1876년〉 강화도 조약이 맺어지다
조선은 일본의 강요에 밀려 어쩔 수 없이 강화도 조약을 맺고 나라의 문을 열었어.

〈1910년〉 한반도가 일본의 식민지가 되다
일본은 힘을 앞세워 조선을 강제로 점령하고, 35년 동안 지배했어.

〈1945년〉 일본으로부터 해방되다
1945년 8월 15일 일본이 전쟁에서 패배하고 항복하면서, 조선은 독립을 맞이했어.

〈1965년〉 한국과 일본이 다시 교류하다
1965년 6월 22일 한일조약이 체결되고, 우리나라는 독립 20년 만에 일본과 다시 교류하기 시작했어.

〈2002년〉 한일 월드컵을 공동 개최하다
2002년 5월에서 6월, 한국과 일본이 공동으로 월드컵을 개최했어.

범인 찾기

누군가 귀한 찻잔을 훔쳐갔다지 뭐야! 용의자는 모두 네 명.
아래 증언과 힌트를 보고 범인을 찾아줄래?

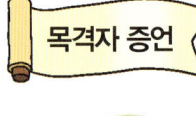

왕수재, 신사에서 이룰 수 없는 소원을 빌다!

다자이후텐만구 ▸ 라멘 가게 ▸ 디저트 가게

후쿠오카

📍 규슈의 중심 도시 **후쿠오카**

오늘 둘러볼 도시는 후쿠오카야. 일본 서쪽 끝 규슈 섬에서 가장 큰 도시래.

가장 먼저 '다자이후텐만구'라는 곳으로 향했어.

이곳은 학문의 신을 모신 신사*라서, 시험을 앞둔 사람들이 소원을 빌러 많이 온대.

_{* 일본 전통 종교인 '신도'의 사당}

"저거 엄청 신기하게 생겼다! 저게 문인가?"

두기 말에 고개를 들어 보니 신기하게 생긴 문이 있었어.

꼭 돌기둥을 가로세로로 엮어놓은 것처럼 보였지. 선생님께서 그러시는데,

저게 바로 신사의 입구를 알리는 문이래. 이름은 '도리이'!

❓ 도리이는 돌로 만드는 건가요?

▶ 도리이는 보통 나무로 만들지만 이곳처럼 돌로 만들기도 해. 심지어 도자기의 신을 모신 신사에는 도자기로 만든 도리이도 있대!

📍 다자이후텐만구

도리이를 지나자, 아름답고 고요한 신사가 나타났어.

오래된 나무도 많고, 커다란 물고기가 노는 연못도 있었지.

돌로 된 커다란 통에 물을 담아둔 곳도 있었는데,

소원을 빌려면 작은 나무바가지로 이 물을 떠서 손부터 씻어야 된대.

음, 뭔가 진지한 분위기인걸?

"어? 저기 사람들이 모여서 황소 조각상을 만지고 있어!"

오호라, 저 조각상을 만지면 아픈 곳이 싹~ 사라진다지 뭐야?

풉, 그런 걸 믿다니…. 그래도 재미 삼아 나도 한 번 만져볼까? 히히.

 일본에는 신사가 많은가요? ▶ 응. 엄청 많아. 일본 곳곳에는 8만여 개의 신사가 있대.

드디어 신사의 본전*에 도착!
* 여러 건물 중 가장 중요한 건물

나는 다른 사람들을 따라 천장에 달린 밧줄을 당겨 종을 울린 다음,

박수를 두 번 짝짝! 치고 조용히 소원을 빌었지.

'지구에서 제일 똑똑한 사람이 되게 해주세요~'

소원을 빌고 나서는 신사 이곳저곳을 둘러봤어.

재미 삼아 운세를 뽑는 곳도 있었는데, 선생님께서는 운세가 안 좋게 나왔다고

실망하셨지. 헤헤, 너무 걱정마세요!

"얘들아, 이번에는 이곳에서만 먹을 수 있는 라멘을 먹어 볼까?"
라멘? 아~ 일본식 라면을 말씀하시는구나? 좋죠! 헉, 그런데 식당이 무슨 독서실처럼 생겼잖아? 자리마다 칸막이가 있어서 옆자리는 보이지도 않았어. 일본에는 이렇게 혼자 조용히 밥을 먹을 수 있는 식당이 많대. 신기하다~
곧 오각형 모양 그릇에 담긴 라멘이 나왔어. 그릇에는 '합격'이란 글자도 있더라고! 이게 바로 이곳의 명물인 '합격 라멘'이래.

1인용 자리에서 라멘을 먹는 사람들

한국사 능력 검정 시험 합격하게 해주세요~

이거 먹으면 진짜 시험에 합격하나? 크크.

난 다 먹었다~ 내가 먼저 합격이지롱!

일본 라멘은 우리나라 라면과 어떻게 달라요?

▶ 일본의 라멘은 직접 뽑은 생면에 여러 재료를 끓여 우려낸 국물로 맛을 내. 우리나라 라면은 기름에 튀겨 말린 국수에 수프로 맛을 내는 인스턴트 식품이지.

꺼억~ 배도 부르니 일본식 디저트로 입가심 좀 해볼까?

일본 디저트들은 아주 달고 종류가 다양한 데다가 모양도 아기자기하기로 유명하대!

말차로 만든 푸딩, 꼬치에 끼운 동그란 경단, 과일이 든 찹쌀떡 등등, 정말 종류가 많더라고!

그중에 가장 기억에 남는 건, 후쿠오카의 명물 병아리 만쥬였어.

음~ 내일도 맛있는 걸 먹을 수 있겠지?

병아리 만쥬

일본에서도 떡을 자주 먹나요?

▶ 일본에서는 설날은 물론 모든 명절에 떡을 빼놓지 않고 먹는대. 설날에는 떡국을 먹고, 찹쌀떡을 신에게 바치며 복을 기원하지.

 용선생의 스페셜 가이드

일본인의 생활 속 신도

신도는 일본의 전통 종교야. 나무나 번개 같은 자연물, 자연 현상부터 조상이나 역사적 인물에 이르기까지 온갖 것을 신으로 모시는 종교로 유명하지. 신도는 일본인의 일상생활 깊숙이 뿌리를 내리고 있단다. 자, 그러면 일본인의 생활 속 신도를 만나볼까?

 pretty_0sim

  yongteacher_official 님 외 153명이 좋아합니다

오늘은 신사에서 결혼식 하는 모습을 봤다! 신랑과 신부는 물론 참석자들이 모두 전통 의상을 입고 있었다. 특히 신부가 머리에 쓴 모자가 엄청 특이해서 기억에 남는다. 선생님께서 그러시는데, 일본 사람들은 인생에서 큰일이 있을 때 신사를 찾아 소원을 빌거나 부적을 산다고 했다. 정말 신도는 일본 사람들의 삶과 함께하고 있구나!

#신사결혼식 #일본식전통혼례 #신부모자특이함 #예쁜우산 #운수좋은날

 kingsujae

  pretty_0sim님 외 145명이 좋아합니다

일본은 진짜 신기한 나라다. 찻길가에도 조그만 사당이 있다. 오가면서 그 앞에 잠시 멈춰 서서 짧게 기도를 하는 사람들도 많았다. 심지어 집 안에도 신을 모시고 아침저 녁으로 기도를 한다고 한다. 집 안에 신을 모시다니, 조금 무서울 것 같은데……. 으 으. 그리고 모시는 신도 엄청 다양하다. 우리가 본 사당에는 빨간 목도리를 두른 여 우신이 있었다. 신도는 정말 신기한 종교인 것 같다.

#신도 #길거리신사 #온갖신이다있다니 #빨간목도리_여우신_귀엽다

미로 찾기

수재가 신사 입구에서 본전까지 미션을 수행하며 길을 찾아가려고 해.
아래 미션을 읽고 길을 찾아 줄래?

미션
- 황소 동상의 머리를 쓰다듬어라!
- 반드시 손을 씻어라!
- 운세 뽑기를 꼭 해야 한다!
- 흰 벚꽃나무 앞에서 인증샷을 찍어라!

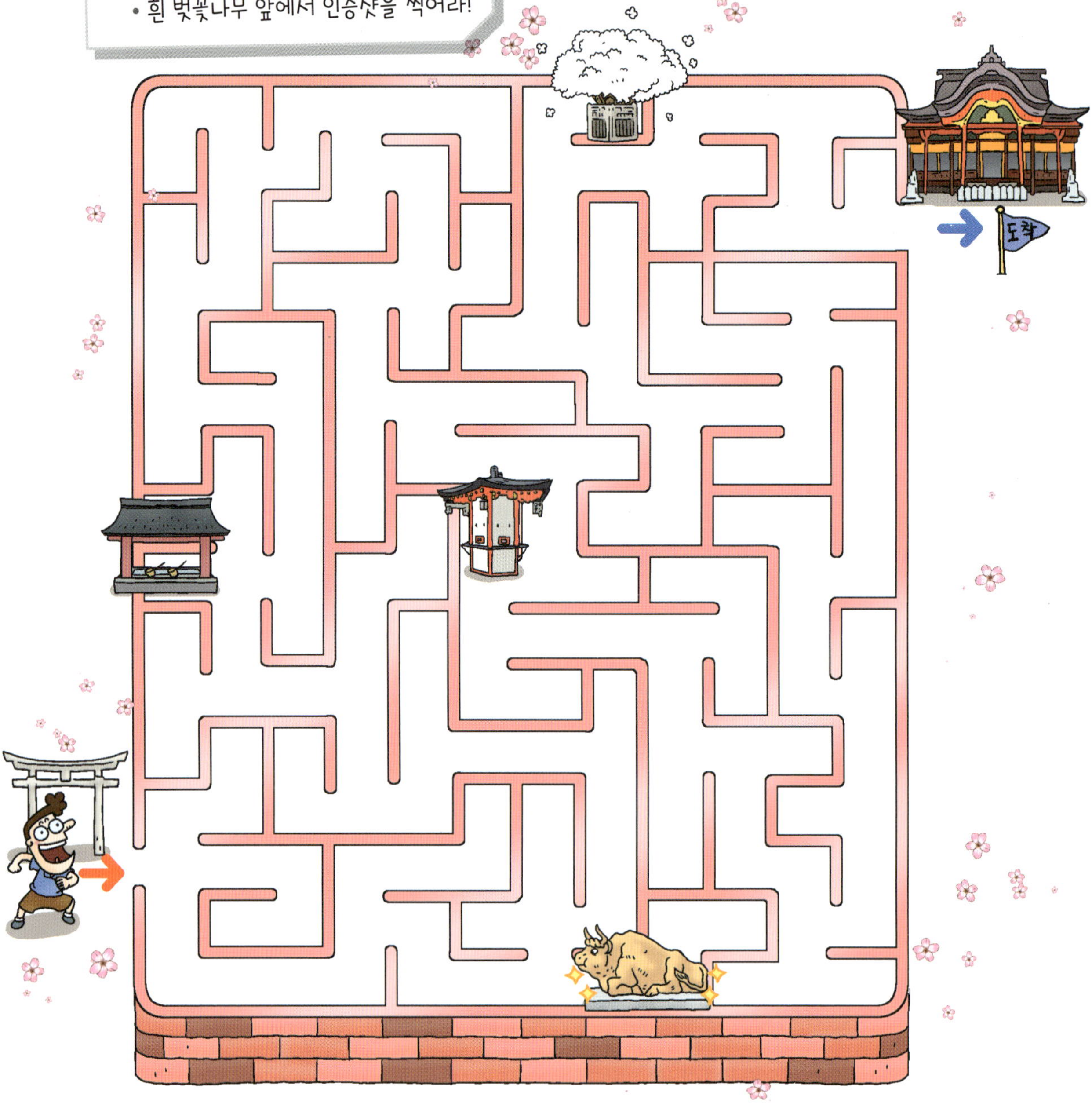

나선애, 일본 역사의 현장에 가다!

데지마섬 › 카스텔라 가게 › 나가사키 원폭 자료관 › 군함도

📍 일찍부터 외국과 교류했던 나가사키

"얘들아, 나가사키에 왔으니 오늘 점심은 나가사키 짬뽕 어떠니?"

응? 중국도 아니고, 일본인데 웬 짬뽕?

알고 보니 나가사키에는 100년 전에 짬뽕을 처음 만든 식당이 있대.

나가사키는 큰 항구 도시라서, 옛날부터 외국인이 많이 드나들었어.

그러다가 나가사키에 살던 중국 사람들이 먹던 면 요리가 일본식으로 변했는데, 그게 바로 짬뽕인 거지!

우아, 하얀 국물에 돼지고기까지 듬뿍 담아서 나오잖아? 맛있겠다!

나가사키의 명물 나가사키 짬뽕

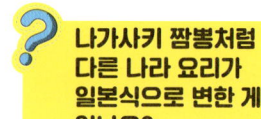

▶ 가장 대표적인 음식은 돈가스야. 돈가스는 포르투갈과 에스파냐의 포크 커틀릿에서 유래한 음식이지.

데지마섬의 옛 모습

 네덜란드 상인이 머물렀던 데지마

나가사키에는 일본을 찾아왔던 외국인이 남긴 유적도 있대.
옛날에 나가사키 앞바다에 '데지마'라는 인공섬이 있었는데,
그곳에 네덜란드 상인들이 살았다고 하더라고.
데지마로 갔더니, 옛날 건물들이 그대로 남아 있었어.
당시 네덜란드 사람들이 생활했던 거실과 침실도 볼 수 있었지.
그 먼 옛날에 유럽 사람들이 이렇게 일본까지 와서 살고 있었다니, 정말 신기해!

 데지마는 언제 지어졌나요?
▶ 데지마는 1636년에 지어졌어. 크기는 축구장 2개 정도니까 그렇게 크지는 않아. 일본에 오는 네덜란드인은 오직 이 섬에만 머물 수 있었대.

"아, 맞다. 카스텔라도 먹으러 가요!
나가사키에 가면 카스텔라를 꼭 먹으래요!"
갑자기 신이 난 영심이를 따라 어느 오래된
카스텔라 가게로 향했어.
글쎄, 이곳은 무려 400년쯤 전에 문을 연 가게래!
헉, 일본에서 그렇게 옛날부터 카스텔라를 만들었다니!
알고 보니 옛날에 나가사키를 방문했던 유럽 사람들이 일본에
카스텔라 만드는 법을 알려줬다지 뭐야?
유럽 사람들이 옛날부터 일본에 이것저것 많이 전해줬구나~

1600년대 초 문을 연 카스텔라 가게

 유럽과 일본의 카스텔라는 어떻게 다른가요?
▶ 카스텔라는 원래 부드러운데, 일본 사람들의 입맛에 맞춰가면서 쫀득하게 바뀌었어. 물엿이나 꿀을 넣고 오븐 대신 일본식 카스텔라 전용 솥에서 구웠기 때문이지.

나가사키 원폭 자료관

"얘들아, 나가사키에서 꼭 방문해야 할 곳이 있단다."

선생님을 따라 간 곳은 원폭 자료관이었어. 옛날에 일본이 미국과 전쟁을 벌였을 때, 나가사키에 원자 폭탄이 떨어졌대. 원폭 자료관은 그때의 기록을 담은 곳이었어. 자료관에는 당시의 끔찍함을 생생하게 전하는 사진과 영상들이 있었지. 한쪽에는 원폭으로 희생된 한국인들을 위한 비석도 있었어. 우리도 비석 앞에 꽃을 바치고 잠시 묵념의 시간을 가졌지.

한국인도 많이 희생됐나요? ▶ 당시 나가사키에 살던 한국인 2만 명 정도가 다쳤고, 그중에 절반은 사망했대.

하늘에서 본 군함도

군함도를 둘러보는 사람들

저기가 바로 군함도란다.

으으~ 왜인지 으스스해요~

유령도시 같아요.

지금은 군함도에 아무도 안 사나요?

▶ 군함도는 1800년대 후반에 석탄을 얻기 위해 개발됐는데, 석탄의 인기가 시들면서 서서히 사람들이 떠나갔어. 지금은 아무도 살지 않는 무인도야.

조선인 광부들은 하루에 12시간 이상 비좁은 땅굴 속에서 속옷만 입은 채로 일했대.

약 3평 남짓한 방에서 제대로 눕지도 못한 채 생활했지.

일본인들은 헐벗고 힘 없는 조선인 광부들을 마구 때리기까지 했단다.

강제 징용의 비극 군함도

"근처에 우리나라 사람들이 많이 희생된 곳이 또 있단다."
우리는 배를 타고 바다로 나갔어. 저 멀리 '군함도'라는 섬이 있었지.
일제 강점기 때 우리나라 사람들이 강제로 이곳으로 끌려와 온갖 일을
했다고 해. 오죽하면 '지옥섬'이라고 불렀을 정도라지 뭐야.
우리나라 사람들은 지하 깊은 곳까지 내려가서 석탄을 캐는 일을 했어.
환경도 무척 나쁘고 일도 너무 위험해서 수없이 많은 사람들이 목숨을 잃었지.
그런데 일본 사람들은 우리나라 사람들을 부리면서 편하게 생활했다지 뭐야.
이야기를 듣는데 너무 화가 나고 우리나라 사람들이 불쌍해서 눈물이 났어.
정말 다시는 이런 일이 일어나지 않아야 할 텐데!

용선생의 스페셜 가이드

일본, 서양을 만나다

일본은 우리보다 훨씬 일찍 서양과 교류를 시작했어.
우리로 치면 조선 전기인 1500년대부터
유럽 사람들이 드나들기 시작했거든.
서양 학문을 진지하게 연구하는 사람도 우리보다 많았고,
유럽에서 전해진 크리스트교를 믿는 사람도 수만 명을 넘을 정도였어.
일본이 서양을 만났을 때 무슨 일이 일어났는지 알아볼까?

일본에 발을 디딘 유럽 사람들

1543년, 유럽 사람이 처음으로 일본에 발을 디뎠어. 중국 배를 타고 여행 중이던 **포르투갈** 사람들이 폭풍우를 피해 잠시 들른 거야. 이때부터 일본과 유럽의 교류가 시작됐단다. 유럽 상인들은 일본 사람들과 장사를 했고, 일본에는 서양의 여러 문물이 전해지게 되었지.

서양에서 어떤 물건이 전해졌을까?

유럽에서 일본으로 어떤 물건이 전해졌는지 알아볼까? 우선 '총'을 빼놓을 수 없어. 일본 사람들은 유럽의 조총을 받아들여서 전쟁에 썼단다. 임진왜란을 일으켜 우리나라로 쳐들어 왔을 때도 사용했지! 또 먼 곳을 볼 수 있는 **망원경**, 유럽 사람들이 세계를 돌아다니며 만든 **세계 지도**와 **지구본**도 전해졌지.

하느님 앞에 모든 사람이 평등하다!

또 하나 빼먹을 수 없는 게 있어. 바로 종교야. 상인뿐 아니라 선교사도 일본을 많이 찾았거든. 이들은 '하느님 앞에 모든 사람이 평등하다'며 일본 사람들에게 **크리스트교**를 전파했지. 일본에는 1500년대에 이미 크리스트교가 널리 퍼져서 신자가 수만 명이 넘을 정도였어.

나라의 문을 걸어 잠그다

하지만 일본의 지도자들은 '모든 사람이 평등하다'고 주장하는 크리스트교가 널리 퍼지면 일본에 혼란이 올 거라고 생각했어. 그래서 1600년대 중반이면 나라의 문을 걸어 잠근 뒤, 온 유럽에서 오직 네덜란드 사람들만 **'데지마'**라는 작은 섬에 머물 수 있도록 허락했단다.

서양 학문을 공부하자!

진지하게 서양 학문을 공부하려는 사람들도 있었어. 유럽인들이 정밀한 기계를 만드는 기술, 지도를 만드는 기술, 또 사람의 병을 고치는 의학은 일본보다 많이 앞서 있었거든. 이렇게 주로 네덜란드에서 전해진 지식을 연구하던 서양 학문을 **'난학'**이라고 불러.

시대에 맞지 않는 물건 찾기

데지마의 옛 모습이야. 그런데 그 당시에는 없었던 물건이 5개가 보이네? 같이 찾아보자!

장하다, 온천에서 원숭이를 만나다?

사쿠라지마 화산 ▸ 이부스키 해변 ▸ 온천료칸

가고시마

살아있는 화산이 있는 **가고시마**

우리는 규슈 섬의 남쪽 끝, 가고시마에 도착했어.
그런데 갑자기 수재 눈이 휘둥그레지는 거 있지?
"저, 저 산에서 막 시커먼 연기가 뿜어져 나와요!"
헉, 진짜로 엄청 높은 산에서 연기가 시커멓게 막 올라오고 있지 뭐야!
도망가야 하는 거 아닌가 싶었는데,
선생님께서 저건 사쿠라지마 화산이 활동하는 모습이라며 폭발해도
큰 피해는 없으니 너무 놀라지 말라고 말씀하셨어.
으악, 그래도 너무 무서운걸! 진짜 걱정 안 해도 되는 걸까?
"어? 회색 눈 같은 게 막 내리는데요?"
여름인데 웬 눈? 그런데 알고 보니 이건 화산재였어!

일본에는 왜 화산 활동이 자주 일어나요?

▶ 일본은 '불의 고리'에 위치해 있거든. 태평양을 중심으로 지진과 화산 활동이 자주 일어나는 지역을 선으로 그어 보면 그 모습이 마치 원 같아서 불의 고리라고 불려. 전 세계 화산의 80퍼센트가 이 불의 고리에 분포되어 있단다.

이부스키 해변

"얘들아, 우리 이번에는 신기한 바닷가 구경하러 가보지 않을래?"

흠~ 바닷가 풍경이 신기해 봤자지……. 헉! 아니, 모래가 검은색이지 뭐야?
알고 보니 검은 화산석이 바람과 파도로 잘게 부서져 검은 모래가 된 거래.
한쪽에는 모래사장 위에 천막을 쳐 놓은 공간이 있었어.
거기에서 사람들이 모래 속에 들어가 머리만 내놓고 누워서 모래찜질을
즐기고 있더라고~ 저렇게 땀을 빼면 몸이 개운하대!
어휴~ 보기만 해도 덥다, 더워!

모래 속이 왜 따뜻한가요?

▶ 이 바닷가에는 화산의 영향으로 뜨겁게 데워진 지하수, 즉 온천이 흐르거든. 그래서 모래 속에서 찜질을 할 수 있는 거야!

 일본 전통 여관 **료칸**

"오늘 우리가 묵을 숙소는 '료칸'이라는 일본 전통 여관이란다."
, 일본 전통 여관이면 옛날 건물이라 불편하지 않으려나? 약간 투덜대며 숙소에 도착했는데, 생각보다 엄청 깔끔하네!
방과 방 사이에 벽 대신 큰 문이 있어서 여닫을 수 있는 게 제일 신기했어.
아, 바닥에 깔린 대나무 돗자리 같은 것도!

정원과 어우러진 료칸 모습

 일본 전통 여관은 왜 이런 형태인가요?

▶ 일본은 여름이 매우 덥고 습해. 그래서 바닥에 '다다미'라고 부르는 돗자리를 깔아서 습기가 올라오지 못하게 하는 거야. 벽 대신 문이 있는 것도 바람이 잘 통할 수 있게 하기 위해서래.

화산이 준 선물 온천

한참 숙소를 구경한 후에 온천에 가보기로 했어.
지하수가 뜨겁게 덥혀지면 온천이 되는데,
화산이 많은 일본은 화산이 지하수를 덥혀줘서 온천도 많대.
따뜻한 온천물에 들어가니 피로가 싹 풀리는 기분이었어.
그런데 수재가 갑자기 으악! 하고 소리를 지르지 뭐야.
"하다야! 네 뒤에 원숭이 있어!!"
헉, 원숭이?! 나도 깜짝 놀라 뒤를 돌아봤더니,
글쎄 원숭이 동상이였지 뭐야. 야, 왕수재! 깜짝 놀랐잖아!

온천을 즐기는 원숭이들

원숭이도 온천을 즐기나요?
▶ 온천이 많은 지역에 사는 야생 원숭이들은 온천을 즐겨. 특히 추운 겨울에 온천에 와서 얼어붙은 몸을 녹이곤 해.

어느새 식사 시간이 되었어. 이번에는 일본 전통 요리를 먹을 거래.
방에 상이 놓이더니 요리가 하나씩 나오기 시작했지.
"어머~ 세상에, 이거 너~무 예쁘다! 이것도! 저것도! 힝~ 아까워서 어떻게 먹어~"
으이구, 허영심 호들갑은 알아줘야 해!
아휴~ 근데 양은 왜 이렇게 적은 거야?
배가 하나도 안 찰 것 같아!
뭐, 그래도 맛은 좋았지만! 헤헤!

일본 전통 코스 요리 가이세키 요리

흐흐, 원래 가이세키 요리는 잔치용 코스 요리라서 이렇게 작은 그릇에 다양한 음식이 차례로 나오는 거야~

아니, 너무 조금씩 나오는 거 아니에요?

세상에! 사진도 예술로 나오네~

찰칵

가이세키 요리에는 주로 어떤 음식이 나와요?

▶ 가이세키 요리는 코스마다 음식의 재료, 조리법, 맛이 겹치지 않아야 해. 그래서 회, 튀김, 야채 조림 등 요리의 종류가 매우 다양하단다.

지진이 잦은 일본

갑자기 두기가 어지럽대. 어디 아픈가?

선생님께서도 걱정스러운 표정으로 두기의 이마를 짚어보셨지.

바로 그때! 갑자기 몸이 흔들리는 느낌이 들었어. 어어, 이거 뭐지?

그러더니 갑자기 벽장이 막 흔들리는 거야! 벽장 위에 있던 물건도 다 떨어지고 난리가 났지! 으악, 이게 바로 말로만 듣던 지진?!

"얘들아! 얼른 방석을 머리에 쓰고 탁자 밑으로 들어가!"

 일본에는 지진이 얼마나 자주 발생해요?

▶ 일본 전국에서 1년 평균 7,500번 정도 발생해. 대부분 약한 지진이라 느끼지 못하고 지나가지만 다섯 번 중 한 번 정도는 사람이 확실히 느낄 수 있을 정도야.

지진이 일어나면 이렇게!

집이나 학교에서는? 밖으로 나가지 않고 책상 밑에 숨어서 기다려야 해.

지하철에서는? 손잡이를 꽉 잡거나 막대를 잡고 좌석 옆 지하철 바닥에 웅크려 최대한 자세를 낮춰야 해.

백화점이나 가게에서는? 진열대에서 상품이 떨어질 수 있어. 기둥이나 벽 쪽에 몸을 붙인 채 움직여야 해.

번화가에서는? 떨어지는 물건을 피해 길 중앙으로 걸으면서 넓은 장소를 찾아야 해.

오들오들 떨고 있다가

흔들림이 멈추고 나서야 탁자 밑에서 나왔어.

와, 말로만 듣던 지진을 이렇게 겪다니…….

선생님이 그러시는데, 일본은 지진이 많이 일어나서

아주 어릴 때부터 지진에 대비한 각종 교육을 계속 받는대.

왜 일본을 지진의 나라라고 하는지 알겠어!

 일본에서 가장 큰 지진은 언제 일어났나요?

▶ 2011년 3월 일본 동북부 지역에 규모 9.0의 지진이 발생했어. 많은 사람이 죽고 건물과 도로가 무너졌지. 게다가 지진 때문에 원자력 발전소에 사고까지 나서 아주 큰 피해가 생겼단다.

 용선생의 스페셜 가이드

화산의 두 얼굴

일본은 화산이 많고 지진이 자주 일어나는 나라야.
그래서 피해도 많지만 그만큼 이득도 많이 본다는 사실!
자, 화산의 좋은 점과 안 좋은 점에 대해 알아볼까?

화산의 좋은 점 1

온천을 즐길 수 있어. 일본 전국에는 온천 휴양지로 유명한 곳이 많아서 외국인 관광객들도 많이 찾지.

화산의 좋은 점 2

화산재 속에는 영양분이 많아. 그 덕분에 땅이 기름지고 농사가 잘 되지.

후지산은 일본에서 가장 높은 산이야. 3,776미터나 돼!

일본을 대표하는 산인 **후지산**도 화산이란다. 400년 전쯤에 마지막으로 폭발했대!

화산의 안좋은 점 1
화산이 폭발하면 지진이 같이 일어나!

아소산은 일본 최대의 활화산이야. 2014년에도 폭발해서 용암이 흘러내리고 화산재가 뿜어져 나왔대. 지금도 5개의 분화구에서는 연기가 계속 솟아오르고 있지.

화산의 안좋은 점 2
지진이 일어나면 해안가에서는 쓰나미(지진 해일)도 발생해.

나는 두 얼굴을 가지고 있지!

화산의 안좋은 점 3
건물이 무너지고, 산사태 등 많은 피해가 발생해.

다른 그림 찾기

휴, 한바탕 지진이 지나갔어.
그런데 이전이랑 달라진 곳이 일곱 군데나 있네? 찾아보자!

허영심, 오키나와 바다에서 스노클링 실력을 뽐내다!

아메리칸 빌리지 ▶ 츄라우미 수족관 ▶ 비세자키 해변

일본의 제주도 오키나와

오늘은 일본의 가장 남쪽에 있는 섬에 갈 거래.
이름은 오키나와! 제법 멀다더니 비행기를 타고
1시간 반이나 걸렸어. 휴~
"으아~ 완전 푹푹 찐다~"
공항 밖으로 나왔더니 너무너무 덥고 습했어.
훨씬 남쪽이라더니 그래서 더 더운가 봐!
심지어 거리에는 열대 지방에서나 자란다는
야자수가 늘어서 있어서 깜짝 놀랐지 뭐야!

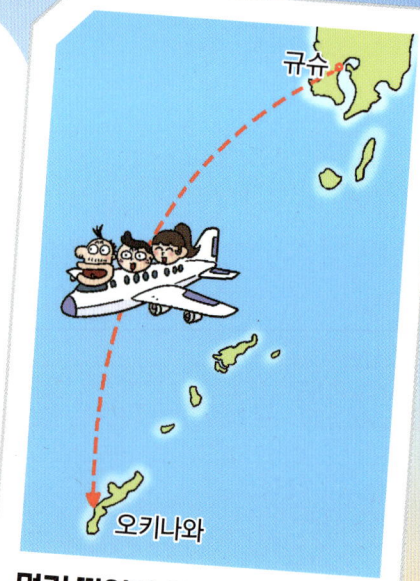

멀리 떨어져 있는 오키나와

오키나와는 겨울에도 안 추워요?

▶ 오키나와는 1년 내내 기후가 따뜻해. 겨울에도 평균 기온이 18도 이상이래.

멕시코와 일본의 만남, 타코라이스

아메리칸 빌리지

먼저 '아메리칸 빌리지'로 향했어. 응? 일본에 왔는데 웬 미국 마을?
알고 보니 이곳은 원래 미국 군대가 있던 기지를 관광지로 개발한 거래.
건물 간판이 대부분 영어로 되어 있어서 진짜 미국에 온 것 같아.
신기한 음식도 많았어. 특히 오키나와의 명물 '타코라이스'를 먹었는데,
세상에~ 이거 왜 이렇게 맛있어? 두 그릇도 먹을 수 있겠다!

오키나와에 왜 미국 군대가 있어요?

▶ 일본은 제2차 세계 대전에서 미국과 싸웠어. 전쟁에서 승리한 미국은 이후 일본에 군대를 보냈지. 오키나와는 특히 군사적으로 중요한 섬이라 지금도 미국 군사 기지가 있단다.

츄라우미 수족관

다음으로 세계에서 두 번째로 크다는 '츄라우미 수족관'으로 향했어.
어두컴컴한 공간에 엄청 큰 수조가 있었지. 알고 보니 건물 3층 높이나 된다지 뭐야?
그리고 그 안에 정말 어마어마하게 큰 물고기가 있었어!

"저건 고래상어란다. 엄청나게 크지?"

고래상어는 얼마나 큰가요?

▶ 고래상어는 길이가 18미터, 몸무게가 15~20톤 가까이 돼. 물고기 중에는 덩치가 가장 크지만 의외로 성격은 온순하대.

우리는 모두 고개를 끄덕였어.

그리고 한동안 넋을 잃고 유유히 헤엄을 치며 돌아다니는 고래상어를 바라봤지.

"이 수족관에는 고래상어 말고도 재미난 것들이 아주 많단다!"

선생님 말씀대로 불가사리와 산호를 직접 만져볼 수도 있고,

아주 깊은 바다에 사는 물고기를 구경할 수도 있었지.

또 봄이면 실제로 바다 한가운데에 배를 타고 나가서 돌고래 무리를 볼 수도 있대!

즐거운 식사 시간!
오키나와 특산물을 먹으러 가자는
선생님 말에 모두 룰루랄라~ 신이 났지.
"와, 신기한 음식이 많네요!"
초록색 방울처럼 생긴 해초부터 채소, 두부 등
여러 재료를 섞은 볶음 요리까지! 지금까지는 못 보던 요리가 많았어.
일본 본토와 멀리 떨어져 있어서 오키나와만의 음식 문화가 발달한 거래!

오키나와 특산물 고야로 만든 요리

 하다가 먹은 울퉁불퉁한 초록색 채소는 뭔가요?

▶ '고야'라는 채소인데, 우리나라에서는 '여주'라고 불러. 오래전부터 오키나와 사람들은 간단하게 볶아서 밥반찬으로 먹는대.

"오키나와에 왔으니 물놀이가 빠지면 섭섭하겠지~?"

선생님의 말에 모두 환호성을 질렀어.

야호! 물놀이다~! 그림같이 아름다운 에메랄드빛 바다로 모두 풍덩~!

우리는 스노클링*을 하며 바닷속도 구경하기로 했어.

* 물안경과 오리발을 이용해 잠수를 즐기는 스포츠

와~ 바닷속에는 색색깔의 아름다운 물고기들이 한가득이었어.

물도 어찌나 맑고 깨끗하던지! 아주 선명하게 보이더라니까~

물고기들이 너무 아름답지 않니?

생선? 너도 배고파? 나도 배고파~

? 오키나와에서는 일년 내내 물놀이를 할 수 있나요?

▶ 겨울에도 평균 바닷물 온도가 21도야. 그래서 맨몸이 아니라면 겨울에도 물놀이를 할 수 있단다.

용선생의 스페셜 가이드

그것이 알고 싶다!
오키나와 전격 해부!

오늘은 오키나와를 둘러봤어!
오키나와는 지금까지 둘러본 일본 본토와는
여러모로 다른 점이 많은 지역이란다.
일단 날씨도 무척 더워서 열대 기후에 가깝고, 독특한 문화도 많지.
그럼 지금부터 오키나와를 속속 파헤쳐보도록 할까?

오키나와는 어디에 있나요?

오키나와는 여러 개의 섬으로 이루어져 있어. 일본 본토의 가장 남쪽인 가고시마에서도 비행기로 **1시간 반** 정도는 더 가야 해.
남쪽으로 멀리 떨어져 있다 보니 오키나와의 날씨는 일본보다 훨씬 따뜻한 편이야.

오키나와는 왜 일본이랑 달라요?

오키나와는 원래 일본과 다른 나라였거든!
오키나와의 옛 이름은 **'류큐'**야.
류큐 왕국은 고유한 종교와 풍습, 언어를 가진 어엿한 독립 국가로, 조선시대 우리나라에 사신을 보내기도 했어. 하지만 1600년대부터 일본의 침략을 받았고, 1879년 이후로 정식으로 일본의 지배를 받게 된 거란다.

류큐 왕국의 왕궁 슈리성

그럼 오키나와도 독립하려고 했나요?

응. 제2차 세계 대전에서 일본이 패배한 이후 류큐 왕국을 다시 독립시키려는 계획도 있었어.
하지만 오키나와가 군사 기지를 설치하기 좋은 위치에 있다 보니 이 계획은 곧 취소됐지.
오키나와는 일본과 우리나라, 중국, 동남아시아와 모두 가까운 섬이라 그래.
지금도 오키나와에는 미군 군사 기지가 있어.
심지어 **섬 전체의 약 15퍼센트에 가까운 면적**을 차지할 정도로 규모도 굉장히 크지!

오키나와의 미군 공군 기지

일본 본토와 구체적으로 어떤 점이 다른가요?

우선 **언어!** 오키나와에서는 원래 오랫동안 류큐어를 써 왔어.
하지만 요즘은 점점 사용하는 사람이 줄어들어서 현재는 소멸 위기 언어로 지정되어 있대.
음식 문화도 달라. 원래 메밀로 만드는 소바도 오키나와에서는 밀가루로 만들어.
또 불교의 영향으로 고기를 잘 먹지 않았던 일본과 달리, 돼지고기 요리가 발달한 것도 다른 점이지. 여기에 오키나와에서만 나는 해산물을 이용해 요리하는 것도 중요한 차이야.

▲ 오키나와 특산품 바다포도

▲ 밀가루 면으로 만든 오키나와 소바

숨은 인물 찾기

오키나와 해변에서 물놀이를 즐기는 중이야!
사람들 속에서 용선생님과 아이들을 찾아줄래?

곽두기,
홋카이도의 전통 음악에
푹 빠지다!

삿포로 시내 ▶ 목장 ▶ 아이누 민족 박물관 ▶ 오타루 오르골당 ▶ 오타루 운하

여름에도 시원한 **홋카이도**

흑, 아쉽지만 드디어 일본 여행의 마지막 날이 오고야 말았어.

오늘 여행할 곳은 일본의 북쪽 끝 홋카이도래.

"오잉? 여름인데 왜 이렇게 안 덥지?"

알고 보니 홋카이도는 엄청 북쪽에 있어서 여름에도 이렇게 별로 안 덥대.

같은 나라인데도 날씨가 이렇게 다르다니, 정말 신기했어!

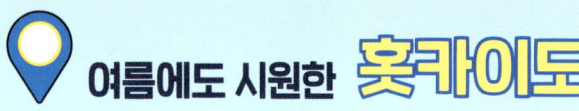

옥수수가 들어간 라멘

홋카이도의 특산물 유바리 멜론

여름인데도 별로 안 더워서 좋아요~

대신 겨울에는 엄청 추울걸?

선생님~ 홋카이도는 옥수수랑 멜론이 맛있대요! 사주세요~~

으응, 그래그래~

부릉 부릉

홋카이도는 얼마나 북쪽에 있어요? ▶ 홋카이도의 중심 도시 삿포로는 북한보다도 더 북쪽에 있어!

차를 타고 가는데, 창밖으로 엄청나게 넓은 풀밭이 펼쳐졌어.
"앗, 저거 젖소 아니야?"
우아! 진짜 젖소들이 떼를 지어 어슬렁~ 어슬렁 돌아다니며 풀을 뜯어 먹고 있지 뭐야~
선생님이 그러시는데, 홋카이도는 나지막한 언덕과 풀밭이 많아서 이렇게 젖소를 풀어놓고 키우기에 좋대.
그래서 우유와 치즈가 맛있기로 유명하다고 하더라고!

홋카이도는 한적한 것 같아요! 사람이 많이 안 사나요?
▶ 홋카이도의 크기는 거의 우리나라 전체와 맞먹을 정도로 큰데, 인구는 520만 명밖에 안돼. 일본에서 인구 밀도가 가장 낮은 곳이지.

📍 홋카이도 원주민 아이누인

아이누인 전통 가옥

"자, 지금부터는 홋카이도의 원주민을 만나러 가 보자!"

엥, 원주민이라니, 그게 무슨 말씀?

알고 보니 홋카이도는 일본 땅이 된 지 150년 정도밖에 안 됐대.

일본 사람이 산 지도 그리 오래되지 않은 셈이지.

우리는 홋카이도의 원주민인 아이누인의 문화를 만날 수 있는 공원으로 향했어.

 홋카이도에는 아직 아이누인이 살고 있나요?

▶ 응. 아이누인의 인구는 계속 줄어서 지금은 약 1만 3천 명 정도밖에 안 돼. 아이누어를 하는 사람은 그보다 더 적어서 언어도 사라질 위기지.

우리는 전시관에서 아이누인의 생활에 관련된 여러 물건을 구경했어.

그리고 공원의 아이누인 전통 가옥에 들어가 보니,

마침 아이누인 전통 음악 공연을 하고 있었지.

입으로 줄을 튕겨 또잉또잉 소리를 내는 악기를 연주하고,

주문 같은 노래를 부르며 새처럼 옷자락을 펄럭거리기도 했지.

박수를 치며 빙빙 도는 춤도 추더라고~ 흥겨워서 나도 모르게 몸을 들썩였어!

오타루의 명물
나만의 오르골 만들기

1. 마음에 드는 멜로디를 고른다.

2. 오르골을 꾸밀 여러 가지 장식을 고른다.

3. 설명서를 보며 멜로디 장치와 장식을 하나씩 본드로 붙인다.

4. 장식이 잘 붙을 때까지 조금만 기다리면 나만의 오르골 완성~!

세계 각국의 오르골을 모아놓은 오르골당

📍 오르골로 유명한 오타루

우리는 마지막 장소인 오타루로 향했어.

오타루는 옛날에 홋카이도에서 가장 붐볐던 도시인데,

지금은 아기자기한 볼거리가 많아서 인기가 좋은 곳이래.

우리는 특히 오타루의 명물, 오르골*을 만드는 재미에 푹 빠져 버렸지.

＊ 정해진 음악을 자동으로 연주하는 장난감

그렇게 한참 오르골을 만들다 밖으로 나왔더니 어느새 날이 어둑어둑했어.

오타루 시내를 지나는 운하 주변으로 불빛이 하나둘씩 켜지기 시작했지.

노을과 조명이 어우러진 운하 주변 야경은 정말 아름다웠어.

"아~ 이렇게 일본에서의 마지막 밤이 지나가는구나~"

아쉬웠지만 마지막까지 즐겁게 보내서 다행인 것 같아!

흐흐, 재미있었니? 그래도 이렇게 멋진 경치와 함께 마지막 밤을 보내서 다행이구나!

시간 빠르다….

아~ 오늘이 마지막이라니!

오타루는 어떤 도시였나요?

▶ 원래는 큰 배가 드나드는 항구 도시였어. 그래서 큰 운하도 있는 거야.

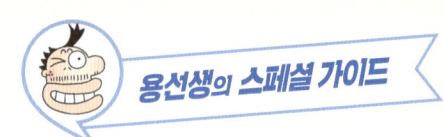
용선생의 스페셜 가이드

홋카이도의 겨울은 어떨까?

홋카이도는 사실 겨울로 더 유명해.
정말 온 세상이 새하얗게 변할 정도로 눈이 많이 오거든.
게다가 눈과 어우러진 광활한 대자연도 굉장한 볼거리지.
언젠가는 겨울 홋카이도도 꼭 체험해 보고 싶어!
그때를 대비해서 겨울에 홋카이도에 와서 할 일을
미리 한번 작성해 볼까?

첫 번째 할 일!
삿포로 유키 마츠리(눈 축제) 구경하기!
눈이 많이 오는 홋카이도에서는
매년 겨울에 눈 축제가 열려. 일본어로
유키(눈) 마츠리(축제)라고 하는데,
벌써 70년 넘게 이어져 오고 있대!
축제 기간에는 눈과 얼음으로 만든 각종
조각을 전시하는데, 밤에는 얼음조각에
색색의 조명을 쏘기도 해.
겨울 홋카이도를 방문할 때 절대 빼놓을 수 없는 필수 코스!

눈으로 만든 호빵맨 조각

유키 마츠리가 열리고 있는 삿포로 중앙 공원

두 번째 할 일!
쇄빙선 타고 유빙 구경하기!

쇄빙선은 뭐고 유빙은 또 뭘까?
극지방에서 떠내려온 빙하가
바다에 떠 있는 게 **유빙**이고,
쇄빙선은 바로 그 유빙을 가르며
나아가는 배야.
홋카이도에서는 쇄빙선을 타고
유빙을 가까이서 볼 수 있어!
와, 진짜 신기하다!
좀 많이 춥겠지만 꼭 쇄빙선을 타보고 싶어!

홋카이도에서 볼 수 있는 유빙과 쇄빙선

세 번째 할 일!
광활한 대자연과 야생동물 구경하기!

홋카이도는 야생의 자연이 잘 보존된 지역이야.
특히 섬 북부에 있는 **시레토코 국립 공원**이 대표적이지.
겨울이면 끝없이 펼쳐진 눈밭과 호수,
산을 볼 수 있고 야생 사슴도 만날 수 있대!
원래는 불곰도 살지만 겨울에는
겨울잠에 든다고 하니
조금은 안심이야~ 히히.

눈으로 뒤덮인 시레토코의
겨울 풍경과 야생 사슴

시레토코 국립 공원에 사는
바다 독수리

숨은 단어 찾기

아래 표에는 우리가 지금까지 일본을 여행하며 알게 된 단어가 숨겨져 있어. 모두 합쳐서 10개라는데, 함께 찾아보도록 할까?

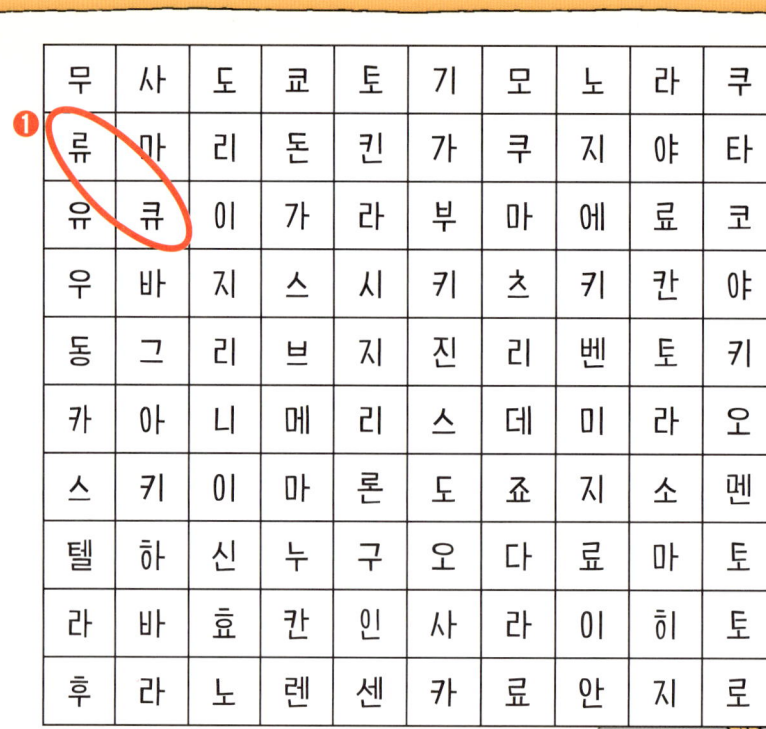

❶ **오키나와의 옛 이름**이야. 예전에는 '○○ 왕국'이라고 불렀지.

❷ **일본의 수도** '○○'는 일본 정치, 경제, 문화의 중심이자 세계에서 손꼽히는 큰 도시야.

❸ **일본의 전통 연극** 중 하나야. 얼굴을 하얗게 칠하는 게 특징이지.

❹ '○○○'는 **일본의 전통 의상**을 가리키는 말이야.

❺ **신사 입구에 서 있는 특이한 모양의 문**이야.

❻ **홋카이도에는 원주민**인 '○○○○'이 살았어.

❼ 일본에는 **화산이 많고** '○○'이 자주 일어나.

❽ 일본 서쪽 지방의 중심이자 **제2의 도시**야. 전통적으로 상업이 발달했지.

❾ 나가사키에서 **네덜란드 사람들이 살았던 섬**이야.

❿ **일본의 전통 여관**을 이르는 말이야. 온천을 할 때 이곳에 머무르지.

퀴즈로 정리하는 일본

일본 땅은 어떻게 생겼을까? (지리)

다음 문장을 읽고 옳은 것에는 O, 틀린 것에는 X에 동그라미를 쳐 보자.

1. 일본은 우리나라와 거리가 멀어서 시차가 커. (O , X)

2. 일본은 홋카이도, 혼슈, 시코쿠, 규슈라는 네 개의 섬과 수많은 작은 섬으로 이루어진 섬나라야. (O , X)

3. 후지산은 일본에서 가장 높은 산이야. 400년 전쯤에 마지막으로 폭발한 화산이지. (O , X)

일본은 어떤 역사를 가지고 있을까? (역사)

보기 에서 알맞은 단어를 찾아 빈칸에 써 보자!

보기 아키하바라, 도요토미 히데요시, 에스파냐, 후지산, 쇼토쿠 태자, 포르투갈, 데지마

4. (　　　　　　)는 1592년 일본이 조선을 침입한 전쟁인 임진왜란을 일으킨 사람이야.

5. 1543년, 일본에 가장 먼저 발을 디딘 유럽 국가는 (　　　)이야. 이때부터 일본과 유럽의 교류가 시작되었지.

6. 백제로부터 불교를 받아들인 사람은 (　　　　)야. 일본은 불교 이외에도 배와 종이, 그릇 만드는 법 등 다양한 기술을 백제에게 배웠어.

일본 사람들은 어떤 모습으로 살아갈까?

다음 문장을 읽고, 알맞은 답을 골라 보자.

7 일본에서는 낮은 건물을 많이 볼 수 있어. 그 이유는 (　　)으로부터 최대한 피해를 줄이기 위해서야.
　① 지진　　② 태풍　　③ 전염병

8 (　　)는 일본의 전통 격투기야. 덩치가 거대한 선수들이 모래판 위를 돌며 서로를 밀어내며 힘을 겨루지.
　① 피구　　② 스모　　③ 가부키

9 (　　)는 밀가루 반죽에 잘게 썬 문어를 넣어 만든 오사카의 명물이야.
　① 돈부리　② 타코야키　③ 야키소바

10 일본에서는 차를 만들어 잔에 따르고 마시는 법인 (　　)가 발달했어.
　① 다도　　② 나라　　③ 신도

일본은 어떤 산업이 발달했을까?

일본 경제에 대한 설명을 읽고, 알맞은 단어에 동그라미를 쳐 보자.

11 일본은 아시아 국가 중 유일하게 세계 경제를 주도하는 주요 7개 국가 (G7, A7)에 포함되어 있어.

12 일본은 철도 산업이 발달했어. 세계 최초의 고속철도인 (신칸센 , KTX)을(를) 만들기도 하고, 아시아 최초의 지하철도 건설했어.

정 답

1일

2일

3일

4일

5일

6일
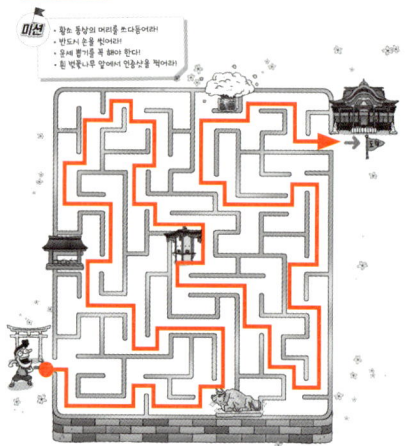

7일

8일

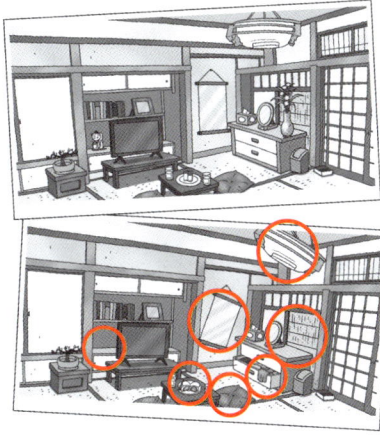

9일

10일

나도 곳곳에 숨어 있었는데, 찾았니? 몰랐다면 다시 한번 살펴봐~

퀴즈로 정리하는 일본 <정답>

1 X	2 O	3 O	4 도요토미 히데요시
5 포르투갈	6 쇼토쿠 태자	7 ①	8 ②
9 ②	10 ①	11 G7	12 신칸센

〈사진 제공〉
[셔터스톡] MasaPhoto, Soundaholic studio, eakkarat rangram, Nicescene, Krisztian Tefner, poludziber, spyarm, Phonlamai Photo, Sanga Park, Francesco Bonino, EvergreenPlanet, MAHATHIR MOHD YASIN, RYUSHI, iamlukyeee, DerekTeo, marcociannarel, SubstanceTproductions, Morumotto, beibaoke, yishii, Francesco Dazzi, tutae, kritsadap, PixHound, Various images, mrcmos, littlewormy, Kampol Muenyong, Kobby Dagan, twoKim studio, PopOnAir / [Wikipedia] Kakidai, 文部科学省ホームページ, 首相官邸, Ian Armstrong, Bgabel, Gusjer, 663highland, Wiiii, そらみみ, kntrty, Igorberger

※ 퍼블릭 도메인은 따로 표기하지 않습니다.

용선생이 간다 : 일본
세계 문화 여행 ⑥

1쇄 발행 2020년 10월 26일
5쇄 발행 2024년 1월 18일

글 사회평론 역사연구소
구성 노남희
그림 뭉선생, 윤효식
자문 및 감수 우승민
캐릭터 이우일
어린이사업부 이승필
편집 송용운, 김형겸, 김언진
마케팅 조수환, 홍진혁
경영지원 나연희, 주광근, 오민정, 정민희, 김수아, 장재민
디자인 박효영
조판 디자인 톡톡

펴낸이 윤철호
펴낸곳 ㈜사회평론
전화 02-326-1182
팩스 02-326-1626
주소 03993 서울시 마포구 월드컵북로6길 56 사평빌딩
용선생 클래스 yongclass.com
출판등록 1993년 10월 6일 제10-876호

ⓒ 사회평론, 2020

ISBN 979-11-6273-134-5 77900

* 이 책 내용의 일부나 전부를 다시 사용하려면 저작권자와 사회평론의 동의를 받아야 합니다.
* 잘못 만들어진 책은 구입하신 곳에서 바꾸어 드립니다.

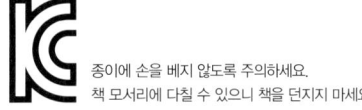

종이에 손을 베지 않도록 주의하세요.
책 모서리에 다칠 수 있으니 책을 던지지 마세요.

내가 만든 일본 지도

★ 알맞은 자리에 스티커를 붙이세요.

홋카이도

나가사키

신칸센

오키나와

교토

오사카성

가고시마

미션 해결 지금 여행지에서는?
3일

★ 알맞은 자리에 도시락 스티커를 붙이세요.

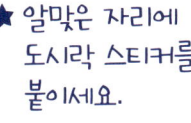   

★ 스티커를 자유롭게 붙여 보세요!

《용선생이 간다》 일본